HABLA CON
DiOS

Diseño de portada: Editorial Sirio, S.A.
Maquetación de interior: Toñi F. Castellón

© de la edición original
Munay, 2020

© de la presente edición
EDITORIAL SIRIO, S.A.
C/ Rosa de los Vientos, 64
Pol. Ind. El Viso
29006-Málaga
España

www.editorialsirio.com
sirio@editorialsirio.com

I.S.B.N.: 978-84-18531-16-3
Depósito Legal: MA-107-2021

Impreso en Imagraf Impresores, S. A.
c/ Nabucco, 14 D - Pol. Alameda
29006 - Málaga

Impreso en España

Puedes seguirnos en Facebook, Twitter, YouTube e Instagram.

 El papel utilizado para la impresión de este libro está **libre de cloro** elemental (ECF) y su procedencia está certificada por una entidad independiente, no gubernamental, que promueve la sostenibilidad de los bosques.

MUNAY

HABLA CON
DIOS

*Accede a tu realidad
divina, a tu verdadera
esencia, allí donde
se encuentra
tu poder*

EDITORIAL
SIRIO

Antes que todo comenzara ya existía la Palabra.

La Palabra estaba en Dios, y era Dios.

Cuando Dios creó todas las cosas, allí estaba la Palabra.

Todo fue creado por ella, y sin ella, nada se hizo.

De la Palabra nace la vida, y ella, que es la vida,

es también nuestra luz.

La Biblia

Dedico este libro a los buscadores de la verdad, a todos los hombres y mujeres comprometidos con la existencia y movidos por la pasión de saber, aquellos que reconocen la grandeza humana y, persiguiéndola, encuentran la perfección divina.

Serán ellos los que descubrirán el tesoro que se esconde más allá de las palabras, envuelto entre líneas detrás del verbo, y el que solo se alcanza desde la totalidad del Ser.

Para ellos, mi profundo reconocimiento.

Con amor, Munay

En memoria de Annie Besant, el alma de diamante, un ejemplo de mujer, quien consagró su vida a la búsqueda y a la manifestación de la Verdad.

No me atrevo a comprar la Paz con una mentira. Una imperiosa necesidad me induce a decir la Verdad tal como la veo, agraden o no mis palabras, reciba alabanzas o vituperios. Debo mantener inmaculada esa fidelidad a lo verdadero, mismo que me cueste amistades, mismo rompiendo lazos humanos. La Verdad podrá conducirme a un desierto, podrá privarme de todo el amor, mas debo seguirla. Aunque me quitase la vida, confiaría en ella.

Annie Besant (1847–1933)

Índice

Índice

A ti

A ti, que estás del otro lado leyéndome.
A ti, que en este acto de leerme has aceptado mi invitación.

A ti te hablo para decirte:
Gracias por estar ahí.
Gracias por haber concurrido a la cita.

Y gracias, porque en este acto de común-unión, se concreta el encuentro, no solo el encuentro entre tú y yo, sino el encuentro contigo mismo, con tu propia divinidad y con Dios.

Si tú estás ahí y yo estoy aquí, este libro cobrará un nuevo sentido al resignificarse con tu presencia, con todo lo que te hace ser quien eres y con aquello que te conduce al encuentro con tu propia Verdad.

Te invito a que juntos recorramos este camino, donde la letra será razón suficiente para unirnos en un punto en común, para pensarnos como existencia divina, jugando este juego de la vida, donde hemos venido a manifestar el amor.

Adelante, pasa, te esperaba desde hace tiempo, cuando el acto de escribir era la excusa perfecta para acercarme a ti.

Yo soy un seguidor de la religión del Amor,
no importa el camino que sus camellos transiten.
Mi religión y mi fe es la verdadera religión.

Ibn al–Arabi

No importa tu credo o religión.

No importa en qué creas o dejes de creer.

Este es un trabajo que habla de ti, de mí, de nosotros y del mundo.

Un trabajo que habla de Dios como energía universal.

Te invito a que, más allá de tus creencias, recorras este texto sin juicios previos que detengan tu andar.

Si elegiste creer en nada, déjame decirte que, por lo menos, te des la oportunidad de creer en aquello que, por ser tan obvio y evidente, no necesita demostración: date la oportunidad de creer en ti mismo. ¿O acaso también negarás tu existencia?

De ser así, no entiendo qué haces leyendo este libro. Sin existencia, nada es... ni se hace.

De no ser así, te invito a que sepas que este no es un trabajo de explicación o teorización sobre la vida, ni mucho menos sobre Dios.

El objetivo de este libro es compartir un recorrido, una mirada, una experiencia; la única diferencia es que me animé a contarlo y, al hacerlo, asumí un compromiso como una manera de transmitir todos y cada uno de los mensajes.

Prefacio

Habla con Dios es una invitación a recordar quiénes en verdad somos, cuál es nuestra esencia divina y cómo, en el juego de la vida, el hechizo del olvido nos hace dejar de lado esta verdad.

Correr el velo y ver qué hay detrás de las fachadas ilusorias que vende el sistema, nos permitirá descubrir lo real. Para ello, habrá que salir del letargo y del adormecimiento —donde el Ser vive anestesiado de su verdad— y asumir el compromiso de reconocer la farsa en la que, día a día, se mueve en un juego que parecería estar comandado por la angustia y el dolor.

Este libro tiene la intención de poder viajar por el mundo de las ideas, recorriendo los mágicos laberintos de la mente, para que el cuestionamiento provoque el debate y ayude a traspasar las fronteras del prejuicio y del temor.

Si bien no pertenece a ninguna religión, no deja de ser religioso en el sentido estricto de la palabra. *Religión* significa 're-ligar', volver a ligar, volver a unir a Dios y al hombre, reconociendo la Unidad.

Si todos siguiéramos la *religión del Amor*, sin importar el nombre que luego le demos, sería esa la ley que comandaría nuestras vidas, donde el respeto por el otro, la honestidad y la verdad conformarían las bases de todo vínculo, recordando la igualdad de nuestra esencia, siendo todos parte de una misma especie, como lo es la humanidad.

El presente trabajo está dividido en dos partes: en la primera se relatan las experiencias que me llevaron a su realización final; en la segunda se transcriben los mensajes a la humanidad.

La lectura de este libro tiene un orden aleatorio: tú eliges por dónde empezar; mas solo te recomiendo que vayas procesando los mensajes de a poco, para aprovechar el contenido que cada uno encierra. Este procedimiento es muy revelador para la mente y constituye un recordatorio para el alma.

También puedes utilizar los mensajes a modo de oráculo, tratando de encontrar respuestas a tus preguntas, o pidiendo alguna orientación y guía.

Al ser instrumentos del Universo, todos somos mensajeros del otro. Por eso, toma lo que te sirva para el momento que estés viviendo y recuerda que todo lo que acerques a tu mundo contribuye a tu propia evolución.

Además, puedes cuestionar, interrogar y analizar estos textos; es una excelente manera de hacerlos propios, y de participar activamente en todo lo que leas. Recuerda:

«El verdadero dueño de una obra no es quien la realiza, sino quien la interpreta».

Por eso, deseo de todo corazón que interpretes esta obra y te adueñes de ella, solo entonces mi trabajo habrá cumplido su función. Te pido que lo hagas tanto desde la razón como dejando participar a todo tu Ser, para que sean el corazón y el alma quienes también formen parte de este acontecer.

¡Es tan fácil contagiarse del virus del prejuicio! Por eso te sugiero, si puedes, «vacúnate» contra él. Solo así lograrás saber, solo así lograrás entender.

Que así sea.

Introducción

Un discípulo se quedó dormido y soñó que había llegado al Paraíso.
Pero para su asombro, vio que allí estaban sentados el Maestro y los
demás discípulos, absortos en la meditación. «¿Y esto es la recompensa
del Paraíso? —exclamó—. ¡Si es exactamente lo que hacíamos en
la Tierra!». Entonces oyó una voz que exclamaba: «¡Insensato!
¿Acaso piensas que esos que ves meditando están en el Paraíso?
Pues bien, es justamente lo contrario: el Paraíso está en ellos».

Anthony de Mello

El presente trabajo surge como consecuencia de un largo recorrido, donde el encuentro con lo Divino marca un punto crucial en el andar.

Lo Divino, la Divinidad como esa parte del Ser que nos conecta con lo más elevado de lo humano, que nos hace saber que somos parte de Dios experimentándonos desde la materia.

Esa parte sublime, sagrada e indescriptible, que al alcanzarla ya nada importa más que *ser*. Ser lo que siempre fuimos y no lo sabíamos, lo que siempre anhelamos y no recordábamos.

Ser lo más extraordinario que se puede experimentar aquí en la Tierra, que es la esencia que le da vida a todo lo creado, a todo lo soñado desde otras vidas, que nos conecta unos a otros y nos hace formar parte de la Creación.

Esa parte superior del Ser, a la que llamamos *Amor*, en su estado más puro, en su expresión más elevada es lo que conocemos como *el amor incondicional*.

Es desde allí que surge esta escritura, como un trabajo pedido por mi propia alma, para ser manifestado aquí en la Tierra, para ser compartido contigo por ser también parte de mí.

Este trabajo pretende también ser una invitación a que reconozcas tu propia divinidad, porque, aunque la niegues o dudes de ella, está y es parte de ti.

Nadie se escapa de este privilegio, y sería una pena que pasaras por esta vida sin saber que es ella quien te habita, te sostiene y te constituye como lo más sublime de la Creación; como el Ser maravilloso que eres, aunque te cueste creerlo o te hayan dicho lo contrario. Ponlo a prueba: busca, averigua y encuentra.

¿Para qué estás aquí? ¿Por qué has venido?

Si nunca te lo has preguntado, es hora de que empieces a hacerlo, porque esa será tu salvación cuando, en la locura de la vida cotidiana, comiences a perder la razón. Y no precisamente por estar loco, sino porque necesitarás encontrar nuevos sentidos a lo que antes creías que era la razón de tu existir.

Si te sientes triste, desanimado o confundido, deberás agradecer por ser esta tu oportunidad de replantearte la existencia. Y así llegarás a descubrir que aquello que te dijeron, o que te contaron, o que te quisieron hacer creer, no es verdad.

Aquella Verdad que habla de ti, de quién eres, de lo que siempre fuiste y de lo que siempre serás, de lo que te pertenece por ser tu propia esencia.

Tú eres ese Amor en su estado más puro, en su versión más elevada. Ocurre que has pasado mucho tiempo viviendo una vida según los demás. Y no importará cuántos años marque tu reloj biológico; a veces, por ser mayor el número es más difícil poder rebelarse contra todo aquello con lo que no se está de acuerdo, contra todo aquello que no nos gusta.

Frente a todas esas creencias pesimistas y condenatorias, que dicen que no hay otra cosa, que es así la vida, que debes aceptarlo...

¡¡¡MENTIRA!!!

He venido a decirte que es mentira mucho de lo que la sociedad o el sistema te han querido inculcar.

No me basta con exponer este y otros trabajos que te ayudarán a pensar, necesito de ti, de tu colaboración en el asunto, que formes parte de esta experimentación, que pongas a prueba tus creencias, que no te quedes con lo que dicen los demás, ni siquiera con lo que leas aquí. Este trabajo es mi recorrido, producto de mi experiencia, la cual vengo a compartir por ser parte del compromiso que he asumido en mi vida en la continua búsqueda de la Verdad.

Si entre los párrafos de estas líneas encuentras algo que te ayude a recordar, que te resuene como aquello que intuyes y que no se ha manifestado todavía, este trabajo habrá cumplido su objetivo: ayudarte a que encuentres tu verdad.

Y, como no podía ser de otra manera, de semejante hallazgo se producirá el encuentro con tu propia divinidad, que es el encuentro con todo lo creado, con toda la existencia, con toda la unidad: el gran encuentro con Dios.

Te invito a que en el recorrido de este libro dejes jugar a tu mente, liberándola de todo prejuicio y de todo condicionamiento, tarea nada fácil si se trata de una mente poderosa. Por eso te propongo que convoques a tu *inteligencia superior* —esa que no solo incluye tu mente y tu cuerpo, sino también tu alma—, y así, en equipo, pueda ser mucho mejor la participación para aproximarte, para reconducirte a aquellas verdades universales que te ayudarán en el encuentro con tu verdad.

Si este libro está en tus manos, seguramente tendrá algo para ti. Avanza y, en su recorrido, descúbrelo y apodérate de aquello que te pertenece.

Bienvenido.

Primera parte

Una búsqueda
de amor

La niña que quería salvar a la humanidad

Desde que tengo uso de razón y hasta donde alcanzan mis recuerdos —los dos años de edad aproximadamente—, me he preguntado por el sentido de la vida. Es evidente que mi alma traía ya consigo un trabajo profundamente existencial. De niña soñaba con tener el poder suficiente para cambiar el mundo, para hacer justicia y para que la gente fuera feliz y pudiera sentir, en sus corazones, el mismo amor que sentía muy dentro de mí.

El haber vivido experiencias emocionalmente fuertes a temprana edad me llevó a convocar continuamente a la Divinidad como una forma de sostenerme frente al dolor. Tenía ya de niña la certeza absoluta de la existencia de Dios, y aunque en mi familia no se hablara de temas místicos o religiosos, estaba instalada en mí, como fuerza espiritual, la comunicación con lo Divino. Hablar con Dios era algo habitual: no solo lo convocaba en mis oraciones diarias, sino también cada vez que necesitaba amparo y protección.

Mi sueño era ser bailarina —estudiaba danza clásica y española—, y esa ilusión se completaba con la idea de formar mi familia, casarme y tener hijos. A los seis años, me lesioné gravemente una de mis piernas cuando me atropelló un auto. Mientras me llevaban al hospital, lo único que le preguntaba a mi madre era quién me iba a querer sin una pierna. Con el tiempo me recuperé completamente, terminé el profesorado y logré ser bailarina.

Los momentos más intensos de entrega incondicional hacia Dios fueron de niña, pero también de adolescente. Recuerdo que vivía escribiéndole cartas de amor, manifestando mi deseo de llegar a Él. Si bien tenía la certeza de su existencia, lo buscaba en cada momento y en cada lugar. Sin embargo, fue necesario que mi mente racional intentara entenderlo, tarea nada fácil cuando se trata de la existencia de Dios.

¿Quién es Dios?, fue la pregunta que comenzó a hacerse esa niña convertida en mujer. La vida me mostraba situaciones que, al cuestionarlas, no entendía por qué Dios las permitía. Veía tanto caos, tanta injusticia alrededor, que me preguntaba con angustia: ¿Cómo Él participa en el juego de la vida? ¿Qué tipo de Dios salva algunas vidas y no otras? ¿En qué consiste la justicia divina?

No cuestionaba su existencia —eso estaba más que claro para mí—, sino que trataba de saber quién era Él. Esa pregunta me condujo por muchísimos caminos. No siempre era consciente de lo que buscaba. Hoy, a la distancia, puedo ver que toda búsqueda, cualquiera que sea, es una búsqueda de Dios, es una búsqueda de amor, lo sepamos o no.

De búsquedas y encuentros

De adolescente, amaba leer, me gustaba estudiar y me encantaba hacer investigaciones por mi cuenta. Nunca pude disfrutar las salidas a boliches o cualquier otro divertimento nocturno, ya que no podía evitar hacerme replanteos existenciales en un lugar, para mí, equivocado. Me sentía diferente, dolorosamente diferente. Hacía todo lo posible para adaptarme, pero terminé por rendirme al sentir mi propia imposibilidad.

Al terminar la secundaria, mi camino estuvo dividido entre mi carrera artística (estudiaba en el Conservatorio Nacional de Arte Dramático) y la facultad de Psicología. Posteriormente alterné mi tiempo entre el trabajo y la continua formación, entre la profesional y la artista. Como profesional trabajaba en hospitales y centros de rehabilitación en diferentes ramas de la psicología. Como artista realizaba trabajos en televisión. Cuando me enojaba por creer que estaba satisfaciendo los deseos de mi ego, dejaba lo artístico y me dedicaba al ámbito académico y psicoanalítico. *Cambiaba figuritas*[*]: renunciaba al ego de la imagen por el ego intelectual. Cansada de la frivolidad de la tele y pensando que nada quería de la actuación, dediqué los siguientes años al psicoanálisis en mi consultorio particular.

La medida del dolor es la medida del amor

La vida me arrebató a la persona que más amaba y con quien estaba en pareja desde hacía unos años. Mi mundo se derrumbó y sentí mi corazón destrozado. Con el

---

[*] Cambiaba cromos.

tiempo descubrí que el dolor de esa pérdida había activado los demás dolores no sanados en mi vida. Una nueva tarea debía emprender: enfrentarme por primera vez a todas mis sombras. Y eso constituía una gran y dolorosa oportunidad.

Sentí en carne propia el límite del dolor. ¿Para qué vivir una vida donde amar era un riesgo demasiado alto? ¿De qué se trataba la vida si elegía no amar? Miles de preguntas surgieron junto a aquella herida abierta. Habiendo pensado en morir como forma *ilusoria* de arrancarme del cuerpo ese dolor, sabía que no tomaría por cuenta propia semejante decisión. Declaré en voz alta, teniendo mi dolor como testigo, que no pararía hasta saber si Dios existía, que no me detendría hasta saber quién era Él. El tiempo era mi aliado, y me decía, tratando de consolarme, ya va a pasar, tarde o temprano pasará.

Sin embargo, algo me alentaba. Solo habiendo amado tanto podía sentir con la misma intensidad tanto dolor. Mi trabajo era recomponer mis partes, ahora sí, desde otro lugar. Gracias al dolor uno se vuelve más humano, más sensible hacia la vida. Necesitaba hallar respuestas universales, más abarcadoras, que pudieran contemplar la Creación en su totalidad. Si todos vivimos las mismas experiencias, con diferentes escenarios o en diversos momentos, si, tarde o temprano, nos enfrentamos al dolor, al vacío, a la soledad, al temor, a la muerte o la enfermedad, entonces la diferencia está en cómo lo vive, cómo lo trasciende y lo elabora cada uno.

Emprendí un nuevo recorrido para poder hallar la Verdad. El camino se hacía más complicado, ya que, por lo general, cuando algo no se puede explicar, se dice que es un *misterio*.

Perder el juicio y abrir la mente

Buscaba con ansias un momento libre para leer y adentrarme en ese maravilloso mundo donde los misterios son develados y surgen las grandes verdades universales. A diferencia de otras etapas en mi vida, el que leía era mi Ser en su totalidad. Estaban la razón, el corazón y el espíritu unidos en una misma tarea: LLEGAR A DIOS.

Si bien sabía que ya estaba en Él, había algo que todavía lo buscaba. Aun junto a Él, sintiéndome cerca, me dirigía hacia un lugar desconocido hasta ese momento.

Para adentrarse en el camino de los misterios develados, hay que *perder el juicio*, *abrir la mente* hacia nuevas realidades, sin desconectarse de la propia, pudiendo incluso presenciar experiencias fenomenológicas inexplicables para la razón, pero totalmente comprensibles para el alma.

Para avanzar en el camino del Misterio, hay que *perder la razón*. Para ello, hubo antes que haberla usado como para entender no solo lo propio, sino al mundo; haber curado las heridas del pasado y sentirse enormemente agradecido por formar parte de este maravilloso juego del vivir-vivir.

Solo con el corazón limpio se puede sentir el amor en su estado más puro. ¿Qué es el amor sino la energía más sutil y poderosa, creadora de todo lo que existe y de todo lo que es? ¿Quién es Dios sino esa energía universal, creadora del cosmos y de toda la realidad?

Cumplir un sueño

El hombre progresará espiritualmente en conocimientos y,

por ende, en todo aspecto de su vida, solamente

si es fiel a su libertad interna y externa.

Albert Einstein

Vivía una vida de absoluta confianza, sabiendo que todo respondía a un plan perfecto, que nada pasaba por casualidad y que todo tenía un propósito. Decidí, entonces, cumplir un viejo sueño: viajar, conocer el mundo, fundirme en él, descubrir otras culturas, la maravillosa creación de Dios. Poder experimentar en carne propia las manifestaciones del Universo a través de sus revelaciones, en medio de la naturaleza, perdida en algún rincón del mundo.

Pero, cada vez que lo pensaba, parecía imposible. La trampa en la que uno cae cuando va ganando más dinero, es gastar más y más. Sumida en un montón de obligaciones, debía responder al pago de todo el confort con el cual intentaba tapar el vacío.

¿Cómo hago?, me preguntaba cuando el sueño me hablaba al oído.

Imposible, me respondía.

¿Imposible? Nada es imposible para los propósitos del alma.

Elige de nuevo, me decía esa dulce voz al oído.

Así lo hice, con la absoluta certeza que da el Universo cuando uno confía.

Faltaba muy poco para diciembre, fecha que había fijado para dejar todo atrás. Pagué mis deudas, algunas cosas las vendí, otras las regalé y las demás quedaron archivadas. Me imaginaba viajando con la liviandad necesaria para no detener el ritmo de mi andar. Libertad, verdadera libertad era la que quería sentir al emprender ese nuevo camino, sin ningún compromiso más que conmigo misma, sin ninguna responsabilidad más que con mi propio Ser.

El primer destino imaginado era México. Al sueño de viajar le sumaba la idea de poder trabajar como actriz en el exterior. Cuando tenía todo listo, surgió *causalmente* una invitación a conocer uno de los lugares sagrados más importantes de Latinoamérica: el cerro Uritorco, en la provincia de Córdoba (Argentina). Aunque no sabía demasiado del lugar, decidí ir.

Las primeras manifestaciones

El cerro Uritorco es un lugar maravilloso, uno de los centros energéticos más importantes del mundo. Su geografía es totalmente diferente a cada paso: montañas, arroyos, cascadas, playitas de arena en medio de las rocas, colores impresionantes de la tierra y de las piedras. Ese lugar es muy famoso por la presencia de avistamientos y todo tipo de manifestaciones extraordinarias. Sin ninguna expectativa, pensaba estar unos días y regresar para irme a México.

Lo primero que me impresionó, habitando en medio de la naturaleza, fue la maravillosa inteligencia del Universo, que se manifestaba a cada paso. Empezaba a descubrir ese lenguaje sutil y casi indescriptible que tiene para comunicarse con aquellos que desean ver y escuchar más allá de lo que a simple vista se percibe. No me resultaba extraño lo que iba experimentando, surgía en un fluir natural.

Al ser todo energía, todos somos uno, estamos hechos de lo mismo, ya sea un pensamiento, el aire, el fuego o un ser humano. Si todo está hecho de lo mismo, debería existir una forma de comunicación universal, una manera de llegar a hablar el mismo lenguaje que el viento, las montañas o las aves, aquel con el que se comunica la Creación. Incluso deberíamos poder comunicarnos con otras realidades, con otros niveles de conciencia superiores. No solo se trataba de este nuevo lenguaje que iba descubriendo, sino de manifestaciones extraordinarias. Así lo sospechaba y así se manifestó la primera verdad revelada.

Estábamos en un bellísimo lugar al que llaman «la playita de los sueños», habíamos ido un grupo de personas con un guía, quien no solo conocía a la perfección la zona, sino que sabía mucho sobre las manifestaciones y los avistamientos. Al caer la tarde, nos sentamos en círculo y, haciendo honor al nombre del lugar, cada uno fue contando cuáles eran sus sueños. De pronto, mientras miraba el cielo, vi una esfera dorada muy luminosa que se movía lentamente. ¡Qué extraño!, pensé y la señalé. Todos se sorprendieron mientras el guía nos informaba que estábamos frente a un avistamiento. La esfera luminosa daba la sensación de estar mostrándose ante nosotros, pero de inmediato se esfumó en un destello de luz.

Con el tiempo descubrí que estas experiencias siempre responden a un propósito elevado y nunca a la simple curiosidad. Son manifestaciones que le dan al ser humano la posibilidad de reconocer la inmensidad del cosmos y recordar que formamos parte de un plan mayor. Distintas lecturas me permitieron entender que estos fenómenos son más comunes de lo que creemos, y que es el ser humano quien teme enfrentarse con la verdad. Algunos son incrédulos y dicen que son simples reflejos lumínicos; otros investigadores guardan silencio y consideran viable dicha realidad.

La mitología de pueblos antiguos nos habla de «dioses venidos del cielo», «pájaros de fuego», «alfombras voladoras» o «nubes». Incluso la Biblia narra cómo Ezequiel estuvo ante un objeto que le pareció hecho de metal brillante: *... una gran nube con fuego fulgurante y un resplandor a su alrededor, y en su centro, algo como metal refulgente en medio del fuego* (Ezequiel 1: 4).

Si en realidad deseamos despertar al hombre, debemos procurar la verdad saliendo hacia nuevas búsquedas, rompiendo las estructuras que nos atan a viejos conceptos. A medida que avanzamos en la evolución —tanto espiritual como intelectual— y que purificamos nuestro cuerpo físico —haciendo más sutil la materia—, vamos alcanzando la percepción de distintas realidades, de manifestaciones invisibles o aparentemente inexistentes, que serán registradas por los sentidos del cuerpo.

Un ejemplo es Erks, ciudad intraterrena de la zona del Uritorco, controlada por una civilización suprafísica. Como la esotérica Shambala, Erks jamás podrá ser descubierta a menos que se manifieste y se haga visible. En ella rigen las leyes de la materia-antimateria, como en el Iberá y en el Triángulo de las Bermudas. Suele suceder que cuando el curioso o el investigador llegan a la zona activa, nada comprenden; Erks solo se revela a quienes llegan sin malicia, sin esperar un espectáculo.

El misterio comienza a develarse

En el avistamiento sentí una vibración en todo mi cuerpo, como si fuera una irradiación de una energía suave, sutil, pero muy poderosa. Siempre en momentos claves de mi vida, cuando estaba por tomar una decisión importante, o me sentía angustiada o preocupada, esa presencia era algo simbólico para mí, como si el mensaje fuera: «No estás sola, estamos contigo». Así lo sentía desde lo más profundo de mi corazón.

Rescato de estos sucesos que lo verdaderamente importante es qué consecuencias trae para aquel que vive estas experiencias –que escapan a la lógica racional y de las cuales no siempre se puede tener una prueba específica–, cómo impactan en su mundo, y hasta dónde contribuyen con su propia evolución.

Muchas otras experiencias se sucedieron en estos mágicos escenarios naturales: dormir bajo la luz de la luna, rodeada de estrellas, contemplando la inmensidad del firmamento; presenciar avistamientos; sentir una profunda conexión con el cosmos. Pero hubo algo muy impresionante y en el Uritorco tuve la oportunidad de comenzar a descubrirlo.

Existe un lugar conocido con el nombre de Ongamira, que es un lugar sagrado y cargado de historia y de relatos que dan cuenta de las persecuciones de los españoles hacia lo comechingones, sus habitantes originarios. Justamente por semejante evolución de conciencia, esta raza sabía muy bien de la eternidad del Ser y que el cuerpo no es más que lo efímero del alma. Cuenta la historia que estando los comechingones en una de las cimas más altas de Ongamira, y al ver que los españoles se aproximaban, se suicidaron en masa arrojándose al vacío, para no revelar sus secretos.

Todo el grupo junto con el guía que nos acompañaba nos detuvimos a contemplar una gruta que formaba una especie de puerta gigante. Comencé a sentir que mi corazón se aceleraba, que mi cuerpo era invadido por un hormigueo que me hacía temblar y que terminó en un intenso llanto acongojado. Luego me enteré de que estaba frente a una puerta dimensional. Las puertas dimensionales son puertas virtuales que se encuentran en distintos lugares del planeta y que comunican con otra dimensión, superior a la nuestra. Existen muchas maneras de percibirlas. Esta fue mi primera experiencia cerca de ellas.

Lo que experimenté en este primer viaje fue tan impresionante y tan revelador que me quedé a vivir un tiempo allí.

Un regalo, un nuevo destino

Hay más cosas en el cielo y en la Tierra
de lo que tu filosofía supone.
William Shakespeare

Agradecida por todo lo que estaba viviendo, el Universo me hacía un nuevo obsequio: Machu Picchu. De un día para el otro estaba en Perú. ¿Para qué? Ya lo sabría, más adelante. Sin duda, lo sabría.

El 7 de julio de 2007, día que declararon a Machu Picchu como una de las Siete Maravillas del Mundo Moderno, me encontraba sentada en la plaza de Cuzco. La gente festejaba alegremente, cantaba y bailaba, orgullosa de su tierra, su geografía, su historia, su pueblo. Quiero compartir una de las experiencias que marcarían un antes y un después en mi vida. Es imposible encontrar las palabras que la describan con precisión, solo serán aproximaciones para invitarte a viajar dentro de ti mismo y encontrar allí lo que ellas quieren expresar.

Mi cuerpo se fue acostumbrando a la altura. La jornada estaba destinada a conocer la cascada de Mandor. Salimos muy temprano para aprovechar la luz del sol, ya que fuimos caminando hasta el lugar. La escenografía era de película: muy bella, mucho verde, montañas por doquier, un cielo azul que lastimaba la vista de tanta hermosura, un aire fresco y un sol radiante Quedé impresionada. ¡La cascada estaba en medio de una selva! Para aquellos que siempre vivimos en la ciudad, las primeras experiencias son de no creer, uno vive exclamando ¡Guau! todo el tiempo, conmovido por lo que ve. Nos quedamos contemplando el lugar. Estaba atardeciendo, pero el sol todavía iluminaba.

Súbitamente, mientras regresábamos, detuvimos la marcha, mirando a lo lejos tres montañas gigantes. El silencio nos envolvía. Fijé la vista en una de las montañas, justo la que estaba en el medio, y vi cómo se empezaba a *mover*. Primero, a un ritmo suave y lento, como si danzara, un movimiento ondulatorio. Inmediatamente dejó de ser tridimensional para aparecer como una fotografía plasmada en una especie de manto. Luego comenzó a desdibujarse como si se estuviera desmaterializando y en unos segundos volvió a su estado normal.

Mientras duraba el fenómeno, cerré y abrí varias veces los ojos para comprobar que la vista no me estuviera fallando. Lo que veía se me estaba manifestando claramente. Si bien me imaginaba de qué se trataba, no estaba segura. Como el Universo cada vez que revela algo lo corrobora de alguna manera, solo debía esperar a que llegara la explicación.

Al día siguiente, subimos la sagrada Machu Picchu. Fue uno de los ascensos más extraordinarios de mi vida, difícil por la altura y por lo empinado del último tramo. Pero cuando se está en la cima más alta, contemplando todo desde semejante altura, uno no puede más que agradecer y agradecer.

Al otro día, llegada la tarde, nos dirigimos hacia unas piletas de aguas termales en Aguas Calientes, el pueblo donde nos hospedábamos. Al final del recorrido había una inmensa cascada llena de rocas; el agua caía con mucha fuerza, y la potencia era proporcional al ruido que ella producía. Me quedé apartada en un costado, y de pronto, tres rocas, que estaban agrupadas a un lado, se empezaron a mover de la misma manera que la montaña.

En ese momento recordé una información vinculada con lo que afirma la física cuántica en cuanto a los niveles de conciencia y los niveles de existencia, a través de los cuales, de acuerdo a la evolución intelectual y espiritual que hayamos adquirido, podremos percibir otras realidades. Cuanto mayor sea nuestra evolución, más sutil e interiorizado será nuestro ser, y podremos percibir frecuencias de energía cada vez más elevadas. Es lo que también se menciona como *Universos paralelos*, donde se hace referencia a que el espacio-tiempo desaparece, y se lo define como una cuestión de perspectiva.

Más tarde me enteré de que en ese sector también existía una puerta dimensional. La energía que se percibe en estos sectores es más liviana y vibra a una mayor velocidad. Lo que se me estaba manifestando era, nada más y nada menos, la existencia de esas realidades diferentes que existen simultáneamente, donde todo se convierte en una ilusión, en referencia a lo que termina viendo el ojo humano por sus propias limitaciones físicas.

Quiero aquí transmitir el mensaje que me llegó en ese momento:

- Esto no es todo lo que hay.
- La realidad es mucho más de lo que se ve a simple vista.

- Si abres tu mente, podrás percibir otros mundos paralelos.
- Pasan muchas más cosas a tu alrededor de lo que te imaginas.
- Si vas con el corazón abierto y sin expectativas, las mayores revelaciones te serán manifestadas justo en su momento, ni antes ni después.

Agradece, siempre agradece, por lo que se te dé.

De vuelta a Buenos Aires, estaba conmocionada y maravillada por todo lo que había vivido. Este conocimiento de la existencia ilusoria de las cosas me generaba liviandad y entusiasmo, y me impulsaba a ver la vida desde esa nueva realidad.

Ahora sí... rumbo a México

México fue magia pura, todo cuanto necesitaba se me presentaba, como si mis pedidos estuvieran listos antes de nombrarlos. Este viaje estaba signado por un tema meramente profesional. Si bien estaba muy agradecida, sentía una profunda nostalgia cada vez que recordaba mi vida en medio de la naturaleza, me costaba disfrutar de la misma manera entre maquillajes y vestuarios, encerrada en un canal de televisión.

Mucho ruido para no escuchar la Verdad, para tapar el doloroso vacío existencial. Hoy, a la distancia, entiendo qué sabio fue el Universo al invitarme a recorrer aquellos lugares sagrados. Creo que si hubiera ido directamente a México, me hubiera costado tener la claridad suficiente para ver que todo ese mundo no era más que una simple ilusión. Cuanto más avanzaba en este camino de los *flashes* y el glamur, más extrañaba mis montañas.

Quería volver, deseaba profundamente regresar; pero la idea de saber de qué viviría rondaba, sin respuesta, en mi cabeza. Se trataba de descubrir si era ese el camino que debía seguir o si había algo más. Evidentemente era hora de regresar, por unos días nada más.

Romper estructuras

La revelación es como una ascensión. Será también necesario que la revelación y la ascensión vivan en la armonía conseguida. Cada nivel, desde el más denso hasta el divino, es para el hombre una etapa de ascensión. Los velos irán cayendo, uno tras otro, para aquel que ama a DIOS y busca a DIOS. El individuo se convierte así en un instrumento de la revelación.

José Trigueirinho Netto

Me sentía agradecida, conmocionada y bendecida por estar haciendo lo que en verdad quería desde hacía tanto tiempo: viajar, ir y venir con la liviandad del aire, con la libertad del viento.

No bien llegué a la Argentina, el primer lugar que visité fue Capilla del Monte para subir mi amado cerro. Necesitaba saber por dónde continuar. Así descubrí que el verdadero propósito del viaje era poder romper con esas estructuras que me impedían manifestarme de manera diferente, sentirme más relajada, más desenvuelta. Ya no era la misma: se había ido una mujer y había vuelto otra. Así lo sentía y así lo vivía.

Me di cuenta de que por debajo de aquel gran proyecto había algo mucho más simple, pero a su vez más enriquecedor: cambiar, encontrar esa parte mía que sabía que estaba adormecida.

¿Qué hacer?

Esperar.

El tiempo de espera terminó transcurridos un par de meses. Había incorporado a mi cotidianeidad dedicarle tiempo a la meditación y a estar conectada con lo espiritual. Fascinada con todo lo que había estado viviendo, había emprendido una búsqueda absolutamente consciente en este camino de introspección y de contemplación. Me sentía acompañada, asistida y guiada a cada momento. Ahora sabía que estuviera donde estuviere, lo que pidiese se iba a presentar, la Verdad se iba a manifestar.

Una seguidilla* de sucesos extraordinarios aconteció con posterioridad. Sin buscarlo y sin pensarlo, día a día, se me iban manifestando distintos tipos de revelaciones: verdades sabidas, intuitivamente o desde la razón, personales o de alcance universal, se *hacían carne* en mí. A medida que avanzamos en nuestra evolución, tanto intelectual como espiritual, empezamos a recordar aquella sabiduría que está contenida en nuestra propia alma, y vamos adquiriendo la capacidad de aprender de un modo más intuitivo y no tan racional.

---

* En Argentina, Bolivia y Uruguay, «sucesión de hechos u objetos que se perciben como semejantes y próximos en el tiempo».

La *Verdad hecha carne*, así la sentía, y así la empezaba a manifestar. Era una sensación de ir liberándome de mí misma, de aquellos condicionamientos que habían quedado como vestigios, aún no sabidos, después de tanto trabajo personal. ¿Cómo seguir? ¿Por dónde avanzar? Había quedado afuera del sistema. ¿Existiría otro lugar donde habitar?

Triste soledad

El tiempo pasaba y no había vuelto a estar en pareja desde aquella dolorosa pérdida. Una noche mientras regresaba a mi casa, pensaba sobre la sensación de tristeza y soledad que me habitaba. Tenía demasiado amor para dar y quería compartirlo, y era eso lo que me llevaba a sentir añoranza.

Ese amor era nuevo, jamás lo había sentido de esa manera, una incondicionalidad del más puro amor, aquel que sobrepasa los límites del yo, que va más allá de la imagen y trasciende la propia muerte; ese era el amor que reinaba en mi diario vivir.

Desde esa nueva concepción pude verme haciendo mil cosas a la vez, sin parar, toda esa acumulación de títulos, objetos, billetes, espejismos para no pensar... ¿En qué?

EN QUE LA FELICIDAD SOLO ES VERDADERA
SI ES COMPARTIDA.

La verdadera realización de ese gran amor que sentía era junto al otro, en la común-unión del espíritu.

¿Y ahora qué?

Si un hombre se purifica a sí mismo, Dios vendrá a él; porque
al no poseer voluntad propia, entonces Dios demandará
para él lo que Dios demanda para sí Mismo.

Maestro Eckhart

Como consecuencia lógica del intenso proceso que venía viviendo, un día, en medio de un profundo llanto, habiendo llegado al límite de la racionalización, declaré mi total y absoluta renuncia a todos mis viejos deseos. ¿Qué hacer cuando todo ha dejado de importar? ¿Cómo y por dónde continuar? ¿Qué hacer cuando nada de lo mundano nos atrae ya?

Ya no había temor, porque entendía que el amor, cuando se siente en su estado más puro,

SOLO PUEDE DARSE.

Y es dándolo como se lo recibe en el mismo instante en que se da. La reciprocidad viene por ley de afinidad, donde lo semejante atrae lo semejante y donde la propia persona que da se siente más que agradecida por tener esa oportunidad. Es como si uno le agradeciera al otro la maravillosa posibilidad de experimentar la versión más elevada de su ser... humano.

Pero dar de corazón y desde la verdad.

Donde toda manipulación cae.

Donde no hay lugar para el cálculo o la especulación.

Donde el dinero no es moneda de intercambio o de ambición.

Donde no hay lugar para el dolor.

Donde no hay más que amor, puro amor, del amor que se siente por ser nuestra verdad. Nuestra esencia está hecha de amor como energía, como esa energía poderosa y sutil que todo lo crea, que todo lo es.

Decidí, entonces, viajar a mis queridas montañas. Si bien no estaba todo resuelto, sí tenía en claro lo que no quería para mi vida. Y dentro del completo listado que hice, lo que más me asombró fue que ya no quería aquello que durante tanto tiempo había sido mi gran pasión: actuar.

Vipassana

El verdadero conocimiento existe como orden cósmico interior;

es la ley del Universo. Estará a disposición

para serviros, cuando lo necesitéis.

La ley muestra el camino de la libertad, y nunca

lleva al ser hacia la dependencia.

Cada ser tiene que recorrer solo su propio camino.

Si en su trayecto necesitara ayuda, esta le llegará

sin que tenga que ir a buscarla.

Para recibirla es preciso que esta sea imprescindible.

José Trigueirinho Netto

Como todo lo que surge sin buscarlo, una nueva *causalidad* se presentó tras una repentina invitación para participar en un retiro de meditación *Vipassana*. Era el último miércoles de agosto, todavía el invierno se hacía sentir aunque el sol brillaba. Mientras esperaba para ingresar al retiro espiritual de meditación budista, me pregunté: «¿Qué hago acá?».

Quedarme significaba asumir el compromiso no solo de permanecer durante los diez días que duraba el trabajo, sino también cumplir con el régimen de disciplina:

- Levantarse todos los días a las cuatro de la mañana;
- Acostarse a las nueve de la noche, ya que a esa hora se apagaban las luces;
- Respetar el «noble silencio»: no se podía hablar ni siquiera con señas; solo estaba permitida la comunicación, acotada, con la coordinadora;
- Evitar el uso de la tecnología, nada de lecturas ni entretenimientos;
- Adaptarse a los horarios dispuestos para los ratos libres: una hora para el almuerzo, de once a doce, y una hora para el té, a las cinco de la tarde;
- Meditar «sí o sí», actividad que solo se podía interrumpir para ir al baño o estirar las piernas, cinco minutos cada hora y media, cuando sonaba una campana.

«O me porto bien y cumplo», decía mi ego, «o confío y me entrego al trabajo de meditación», decía mi alma. Decidí quedarme para averiguarlo.

Durante los tres primeros días del retiro, se hizo hincapié en la respiración, con el fin de tener un registro preciso. Como la meditación es «el arte de la contemplación», se insiste desde el principio en la observación de uno mismo, para ir registrando las sensaciones y ver qué dice el cuerpo a través de ellas.

Para mi sorpresa, desde un primer momento, sentí que estaba viviendo un proceso totalmente diferente al que debía realizar, era como si hubiese sido *guiada* hasta allí para vivir otra experiencia.

Las meditaciones se realizaban en posición de loto, con la espalda erguida y los ojos cerrados. Me encontraba feliz de haber logrado que mi mente no se fuera ni al pasado a través de los recuerdos, ni al futuro por medio de las fantasías, y que permaneciera en el aquí y ahora solo contemplando. La respuesta a tres preguntas que me hacía permitía a mi mente volver de cualquier distracción:

«¿Dónde estás?»... «Aquí».

«¿Qué tiempo es aquí?»... «Ahora».

«¿Quién eres?»... «Soy este momento».

Para «ser y estar» en el aquí y ahora, hay que aceptar tanto lo que fue como lo que puede llegar a ser, sin controlar, sin forzar, dejándose llevar.

Nuestro poder creador

Si consideramos el presente como el «no tiempo», como lo eterno, esto no significa que no tenga fin, sino que es «sin tiempo». Así, logrando habitar el presente, comencé a percibir nuevas manifestaciones a través de los sentidos.

Esto es uno de los mayores privilegios que uno puede experimentar como regalo que da la vida, como una especie de recompensa al confiar plenamente en la existencia de aquellas verdades que la razón no puede entender anticipándose a la experiencia. Es gracias a esa confianza ciega, a esa fe, que uno apuesta a la Verdad, aun antes de abrazarla en su total manifestación. Y es gracias a esa apuesta que ella se manifiesta, diciendo: «Aquí estoy». La manera de percibirla dependerá del momento evolutivo de cada uno, de lo que ella traiga como revelación, y serán los sentidos del cuerpo físico los que experimenten su percepción.

De allí la verdad hecha carne, que solo al ser corporizada puede verse reflejada en la continuidad del diario vivir; lo demás será pura teoría, contenido intelectual de la razón. Y esta es una manera de reconocerla y diferenciarla de lo que no es una Verdad verdadera.

El poder estar en el «aquí y ahora» abría un nuevo camino para mí. Una de las condiciones para que ello ocurriera era poder dejar el vaivén de la mente en ese ir y venir al pasado y al futuro. Al ser el pensamiento creador, la posibilidad de crear el futuro dependerá del tipo de pensamiento generado. Por ley de afinidad, lo semejante atrae lo semejante, así que aquellos pensamientos recurrentes en nuestra mente se convierten en creencias instaladas que serán responsables de crear la realidad.

Lo sepamos o no, todos somos magos creadores de lo que vivimos, la atracción que genera un pensamiento con otro creará, sin saberlo, más y más de esa vida dichosa o desdichada. La clave de este trabajo es desde qué lugar se desea, ya que de eso dependerá su vibración energética. La energía posee una vibración, un movimiento que determina su frecuencia. No basta con pensar desde la razón en algo que uno desea; para que esto sea cumplido se deberá estar vibrando energéticamente en la frecuencia que corresponda al deseo ya cumplido.

Lo importante será que cada vez que veamos que la mente está en alguna de estas dos posibilidades (pasado o futuro), la traigamos aquí y ahora. Dejaremos entonces de empujar, de ejercer nuestro poder consciente y nos rendiremos, entregándonos al poder de la Voluntad Superior, que es la voluntad de nuestra alma junto con la de Dios.

En esta renuncia todo es pura posibilidad para ser manifestada frente a nosotros, en el momento presente. Ya no somos los directores de nuestra gran obra, sino que delegamos el mando a nuestro Ser Superior y, desde allí, nos dejamos sorprender, confiando absolutamente en que lo que surja será lo mejor para nosotros.

Al existir el libre albedrío, Dios no se opone a nuestra voluntad, pero cuando nos entregamos a sus manos le estamos pidiendo colaboración a nuestro Padre Amoroso, quien estará allí aun antes de pedírselo y, de esta manera, paradójicamente, hacemos uso de la ley trascendiéndola. Así, Él se convierte en esa voz interior que es la nuestra, aquella que nos conduce hacia los próximos pasos.

Cuando nos conectamos con lo más elevado de nuestra alma, todos y cada uno de nuestros deseos tienen un nuevo sentido. Pasan, entonces, a ser un medio y no un fin en sí mismos, y la pregunta que deberíamos hacernos frente a cada nuevo objetivo sería: ¿Qué quiero lograr? ¿Qué quiero que suceda?

Será entonces el Observador (Dios en ti) quien se focalice en el propósito que se ha de cumplir, trascendiendo las emociones y sintiendo la libertad de pensar en forma multidimensional. Focalizarse en esta tarea nos obligará a dejar atrás el pasado, siendo para eso indispensable sanar todo dolor.

Si el pasado y el futuro quedan ya fuera de juego, aparecerá entonces la maravillosa posibilidad de vivir la vida en la única realidad posible que es el AHORA. No solo el Universo está en continuo cambio, sino que, como parte de él, el ser humano se está creando permanentemente. Un sinfín de acontecimientos se conjugan a favor de ello. ¿Cómo poder decir qué va a pasar? Además, como existe la libertad de elección, es imposible determinar un único futuro.

Escrito en el cuerpo

Cuando aprendamos a separarnos de nuestros cuerpos, a salir fuera de nuestro vehículo, y veamos que tenemos una conciencia mucho más completa fuera que dentro de él, y que en modo alguno dependemos del mismo; una vez alcanzado esto, nos será imposible seguir identificándonos con nuestros cuerpos, y nunca más volveremos a cometer el error de suponer que somos lo que llevamos.

Annie Besant

Si pensamos en el cuerpo como el vehículo del alma, aquello que nos permitirá experimentar la vida en esta encarnación, sabremos que es desde y a través de él, que viviremos nuestras vidas terrenales.

Cualquier cosa que el ser humano busque en el plano terrenal, tiene como fin sentir en el cuerpo las sensaciones que desencadenan esas emociones. ¡Todo lo que buscamos son sensaciones! El observarlas en mi cuerpo durante el trabajo de meditación me permitió ver con claridad la diferencia. A través de imágenes, pensamientos, frases, sensaciones corporales, una intuición, los sueños, o hasta en un simple comentario escuchado al pasar, de todo se vale el alma, el Universo, lo Divino, para comunicarse con nosotros.

En verdad son siete los cuerpos que lo conforman; un cuerpo físico, el doble etéreo, el cuerpo astral, el causal, el cuerpo mental, el espiritual y el aura humana; cada uno le sirve para actuar en distintas regiones del Universo. La vida en la Tierra se desarrolla en la tercera dimensión (tercer nivel), donde el espacio-tiempo y la densidad de la materia ponen ciertas limitaciones para las experiencias más sutiles. Poseídos por lo que Saint Germain llama «la falaz hechicería de la mente carnal», la mayoría considera solamente lo físico y desde allí nivelan su existencia. No toman en cuenta el funcionamiento de otros cuerpos y, por ende, desconocen lo que pueden lograr a través de ellos.

Las primeras conversaciones

En medio de una profunda meditación, tuve el claro deseo de contactarme con el alma de dos personas que hacía poco tiempo habían partido de este mundo. En momentos de angustia, las convocaba para pedirles asistencia y contención. Inmediatamente se presentaron con la misma imagen que tenía de ellas en vida y con la energía que cada vínculo afectivo contenía. Les agradecí y les pedí que me transmitieran aquello que necesitara saber para ese momento. Así lo hicieron.

Lo que más me sorprendió fue el punto en el que ambas coincidieron. Voy a tratar de traducirlo, uniendo ambas en uno solo mensaje: «Cada vez que me convoques, allí estaré para acompañarte y contenerte, como lo hice cada vez que por ti fue pedido; mas en este otro plano de conciencia también existen limitaciones donde no podemos ver más allá de lo que tú misma puedes ver. No nos está permitido alcanzar lo que tu propia alma no ha alcanzado todavía». Lo más impresionante fue que, al despedirse, ambas coincidieron en que «cuando quieras saber algo más, Él es quien sabe y tiene todas las respuestas. Recuerda: habla con Dios, habla con Él».

Si bien esto era una obviedad —cómo no saber que Él es quien todo lo sabe—, la verdad es que nunca acudí a Dios para escuchar su voz, siempre lo hice para hablarle, para pedirle o agradecerle. ¡¡Qué momento!!

Inmediatamente acudí a Él y empezamos a tener un diálogo, una especie de charla entre amigos. Al principio solo lo escuchaba a través del juego de la propia imaginación, luego comencé a ver su imagen representada de muchas maneras, y cuando aparecía mi mente para cuestionar lo que ocurría, Él mismo me explicaba cómo se vale la imaginación para representarlo según mi propia creación, y cómo a través del dios interior se accede a ese privilegio.

Es muy importante saber que todos, ABSOLUTAMENTE TODOS, los procesos de la mente son representados en el cerebro a través de imágenes. La diferencia entre las imágenes que produce la pequeña mente con las que produce la gran mente unida al espíritu de Dios está determinada por las emociones y sentimientos que desencadenan.

Las sensaciones de alivio, de paz y armonía, como así también la alegría, el júbilo, el profundo amor e incluso el éxtasis celestial son claras señales que provienen de lo más elevado de lo humano: la esencia divina, nuestro dios interior, el Gran Creador. En cambio, aquellas que producen angustia, incertidumbre, ansiedad o temor, provienen de la pequeña mente, más precisamente del ego o pequeño yo.

Reconociendo estas diferencias, comencé a conversar con mi Ser Superior, el Creador, Dios, o como quieras llamarlo. Las primeras charlas estaban relacionadas con el proceso que estaba viviendo, el cual era totalmente diferente al de *Vipassana*, y quería saber hasta dónde no era una especie de excusa para distraerme. Y sentía que me decía, con mucho humor y hasta riéndose: «Si distraerse es hablar con Dios, ¡qué buena excusa!, ¿no crees?».

Esta *charla entre amigos* se daba en un constante fluir. Tenía clara la diferencia entre el *saber*, que viene del intelecto, y la *sabiduría* del alma, que se va manifestando en su justo momento, ni antes ni después, a medida que el ser evoluciona. Fueron muchas las vivencias que me permitieron unir el conocimiento racional con lo espiritual. No solo el poder ver puertas dimensionales o presenciar avistamientos, sino también experimentar otros estados de conciencia y percibir otras realidades, donde se empieza a entender el juego de la vida desde la Totalidad.

Entendí que las formas en que uno va encontrando las respuestas a las grandes preguntas existenciales siempre vienen de Él. Me limitaba a dejarme sorprender por lo que sucedía, sin buscarlo, sin forzarlo. De repente empezaban a aparecer imágenes donde me veía en distintas situaciones del pasado, momentos claves de mi vida, en los que Dios me revelaba aquello que me faltaba entender de cada vivencia. Era maravilloso poder alcanzar tan alto nivel de comprensión de mi propia historia, del para qué y de los porqués. Me sentía fascinada y sumamente agradecida por semejante revelación.

También, en un inicio, se manifestaron números, nombres o imágenes que daban cuenta de símbolos que más tarde entendería. Por ejemplo, surgió espontáneamente la imagen del siete como un número clave. No solo el séptimo día del curso fue más que significativo, sino que finalizó un siete de septiembre, fecha que fue como un volver a nacer por el nuevo camino que empezaría en mi vida.

Un mensaje

Varios acontecimientos relacionados con lo físico se sucedieron. Relataré brevemente algunos de ellos. Los primeros días sentía por todo el cuerpo una sensación de hielo seco, un frío intenso que me quemaba por dentro. Nada lo calmaba; entre más de cincuenta personas solo yo lo padecía. Fue una especie de purificación interior, una limpieza energética de mi cuerpo, para elevar su nivel de vibración.

Empecé a sentir como si tuviera un peso —que me generaba un movimiento extraño— en mi mano derecha, que en verdad no se movía. El dorso de la mano se hinchó. Cuando comenzó a desinflamarse, descubrí su simbolismo con respecto a mi tarea de escribir como canal.

Otra experiencia significativa fue que pude *ver* la diferencia entre ver a través de los recuerdos y ver a través del alma. Y también vivir la maravillosa sensación de salirme del cuerpo, una experiencia casi indescriptible, en la que se percibe liviandad, placer y profunda paz. Investigué este fenómeno en el libro de Annie Besant *El hombre y sus cuerpos*, y comprendí que dicho suceso tiene que ver con utilizar el cuerpo astral para separarse del cuerpo físico y del doble etéreo, donde se vive la típica sensación del desprendimiento.

Después de vivir estas experiencias con absoluta naturalidad, el sexto día comencé a sentir una especie de incómoda ansiedad. Mi mente no tuvo mejor idea que cuestionar lo sucedido: «¿Y si nada de todo esto es verdad, si es solo mi imaginación?». En la hora de descanso, después del almuerzo, decidí recostarme y dormir un rato. Le pedí específicamente a Dios que me ayudara a calmar ese malestar. De inmediato me llegaron sus palabras: «Tranquila, estoy contigo, tú estás en Mí». Me levanté como si hubiera dormido durante horas y, curiosamente, al verme en el espejo, noté que mi piel estaba espléndida, luminosa, mejor que después de cualquier tratamiento de belleza. «¡Dios es lo más, ya sé a qué *spa* voy a ir de ahora en adelante!», pensé mientras sonreía.

Ese mismo día, en medio de las conversaciones, surgieron una serie de relatos sobre la vida de muchos hombres y mujeres que habiendo buscado a Dios, consagraron su vida a Él. Al hacerlo, vivieron momentos en donde se culpaban y no podían aceptar que Dios les hablase o se les manifestara directamente. Su humildad les hacía creer que no podía ser cierto, e ignoraban la existencia de ese dios interior, el cual, una vez que se accede él, nos comunica con el Gran Creador.

Mi tarea en lo sucesivo sería escribir, ser un medio o canal para aquello que se me manifestase. No sería yo quien dirigiera mi escritura, sino el gran Escritor. Me sentía agradecida, más que agradecida, por semejante privilegio.

El domingo 7 de septiembre fue como un renacimiento. Ese día marcaría un antes y un después en mi vida. Con letras bien grandes escribí en mi cuaderno:

ENCONTRÉ A DIOS.

¿Qué más se puede buscar? Nada... nada de nada, frente al todo de Todo. Siempre supe que aquello que buscaba ya existía en mí, pero me era necesario encontrarlo desde mi totalidad.

Hoy, a la distancia, lo veo como un juego en el que uno va recorriendo el camino de la búsqueda para que en su proceso surja el encuentro, primero con uno mismo y luego con Dios. Es Él quien, al final del recorrido, nos espera con los brazos abiertos, diciéndonos: «Bienvenido, estás en casa, el lugar de donde nunca te has ido». Y en esa frase se devela el misterio del loco juego de «ir tras lo que ya se tiene, para encontrar lo que ya se es».

A escribir

¡Comienza, por lo tanto, primero con tu yo y olvídate de ti mismo! Si tú no te desembarazas de tu «yo», entonces cualquier cosa que apartes de ti seguirá encontrando obstáculos e inquietud. La gente busca en vano la paz creyendo que se encuentra en el mundo exterior, en lugares, en gentes, técnicas, actividades o en la lucha del mundo, en la pobreza y en la humillación; pero no encontrarán la paz de esta manera. Buscan en la dirección equivocada, y mientras más tiempo le dediquen a esta búsqueda, menos encontrarán lo que anhelan. Van como quien ha perdido su camino; mientras más lejos vayan más se perderán. ¿Entonces qué es lo que hay que hacer? Es necesario primero negarse a sí mismo, y al hacer esto, todo lo demás será negado.

Maestro Eckhart

Me habían hablado de un lugar maravilloso, antiguamente un monasterio, hoy abierto a la comunidad, en Brasil, en medio de la naturaleza. Sus pobladores, de distintas partes del mundo, no solo tienen otros códigos y valores, sino que están unidos en una tarea en común hacia la humanidad, con una mirada existencial de la vida, donde todo se resignifica al ponerse como prioridad la evolución del ser.

Estaba por reservar mi pasaje cuando recibí una llamada de un director de cine muy conocido en la Argentina, quien me ofreció el papel protagónico para la película que en un mes empezaría a filmar. Debo reconocer que, a pesar de que había abierto nuevamente la posibilidad de actuar, algo muy dentro de mí me decía que no, sentía que de alguna manera estaba forzando lo que ya no era para mí. Un día que nos juntamos a trabajar unas escenas, descubrí que ya no podía ser dirigida por otro. Había puesto el cuerpo, estaba ahí, tratando de actuar, pero no podía.

Esta experiencia me permitió cerrar aquella etapa de actriz, y entender desde todos los lugares (físico, mental y emocional) por qué había dejado de ser un camino posible para mí. La voluntad de Dios junto con la voluntad de mi alma serían los únicos directores de la *gran obra* de mi vida.

Se había abierto un canal de comunicación con lo Divino a través de mi dios interior, donde las conversaciones diarias formaban parte de mi escritura. Escribía sin pensar y al dictado. Horas y horas de trabajo que interrumpía únicamente para alimentarme y descansar. No importaba ni la hora ni dónde estuviera, si surgía escribir, lo hacía y listo. Sola o acompañada. No era algo que compartiera; curiosamente tampoco nadie preguntaba de qué se trataba. Fluía, la escritura solo fluía. Escribía sin cuestionar absolutamente nada.

Hoy podría decir que todo amor es una especie de locura, ya que hay que perder la razón para arriesgarse en su nombre. Ir tras un sueño es ir detrás de lo más verdadero, de la esencia que nos hace ser quien somos: el amor

Escucharlo a Él es escuchar mi alma, la parte más elevada que nos habita en lo profundo de nuestra esencia. Nadie se escapa de este privilegio. Estamos hechos de lo mismo, tanto a nivel físico como a nivel mental y espiritual. ¿Por qué creer que somos diferentes? Aunque cueste aceptarlo, el ser humano prefiere perderse este privilegio (como muchos otros) con tal de no hacerse cargo de quién es, y así des-responsabilizarse de su vida.

Si tú no te sientes así, a partir de este instante puedes declarar frente a la letra tu compromiso, no conmigo, sino con tu propio Ser. El compromiso de acceder a todos y cada uno de los regalos que tiene para ti el Universo.

Segunda parte

Encontraré a Dios

Sea

Sea este un espacio de encuentro, de hallazgo, de descubrimiento.

Sean estas páginas guardianas absolutas de la gran inmensidad que abarca la Verdad, reveladora del cosmos, de la unidad y del infinito Amor de Dios.

Sean estas, páginas de luz, de común-unión con el mundo, para pensarse y lograr el encuentro con uno mismo.

Que la Luz, el Amor y la Paz se manifiesten a cada paso en el andar.

Que la Luz, el Amor y la Paz sean siempre fiel compañía en el transitar.

Que la Luz, el Amor y la Paz estén, día a día, habitándote.

Petición a Dios

Transforma, Señor...
mi dolor en compasión;
mis pasiones en contemplación;
mi búsqueda en encuentro;
mis penas en común-unión;
mis anhelos en ofrendas;
mis tristezas en risas de absoluta felicidad.
Que así sea.
Y así será...

La esencia de la mente es como el cielo: a veces está sombreada por las nubes del pensar que fluye. Entonces, el viento de las enseñanzas del maestro interior sopla y aleja las nubes flotantes. Sin embargo, el fluir del pensar es en sí la «Iluminación». La experiencia es tan natural como la luz del sol y de la luna. Está más allá del tiempo, más allá de toda palabra y descripción. Pero crece la certeza en nuestro corazón, como si muchas estrellas brillaran... Cuando así resplandece, surge magnífico el éxtasis.

Milarepa

La impermanencia de las cosas

Si sintieras las sensaciones que se experimentan en el cuerpo, verías que con el hecho de contemplarlas con ecuanimidad, desaparecen. Si bien hay que disfrutar de las sensaciones que generan placer (no habría motivo para renunciar a ellas), lo importante es no apegarse, ya que hay que reconocer que todo, lo agradable y lo desagradable, surge para desaparecer.

Todo lo que busca el ser humano está orientado a experimentar, ni más ni menos, esas sensaciones que le generan sus propios deseos. Pero son tan fugaces, tan efímeras, que si se pudiera contabilizar el tiempo que duran en el cuerpo, serían segundos, cuando mucho, minutos.

Si todo surge para desaparecer, ¿qué sentido tiene ir en búsqueda de algo que solo genera una sensación que es insustancial y dura tan poco? ¿Qué sentido tiene apegarse o padecer por algo que, al ser insustancial, desaparece al ser contemplado?

La naturaleza de las cosas es inestable. De allí que con una actitud de desapego no será necesario, para la inquieta e impaciente mente, ir al pasado o al futuro para recrear el placer o el displacer. Se trata de aceptar la realidad tal cual es. Lo que es, es. Y de allí, todo aparece y desaparece, surge y desaparece. Entonces, ¿por qué quejarse? ¿Por qué protestar?

Las cosas son como son. Será cuestión de aprehender «el arte de la contemplación». Reconocer y sentir las emociones, sin reaccionar con deseo o aversión. En el aquí y ahora, en este momento, es cuando Dios se nos manifiesta para escucharlo y experimentarlo desde diferentes señales, mensajes, sensaciones y todo cuanto Él utilice para mostrarse ante nuestro ser... humano. Solo así, en la renuncia total y absoluta de querer controlar y conducir nuestro futuro, puede cumplirse la voluntad de Dios en nuestras vidas, que curiosamente es una voluntad acorde al plan perfecto que tiene dispuesta nuestra alma, y que pareciera en un inicio ser diferente a nuestros deseos y proyectos terrenales.

Mas la paradoja Divina es que nosotros, simples mortales, avancemos primero en ese camino de deseos mundanos para descubrir en su recorrido lo ilusorio y lo efímero de semejante encuentro.

Encuentro-desencuentro. Es así como se vive en la búsqueda de alcanzar un deseo, es así como nuestros corazones sufren insatisfechos para ir corriendo tras un nuevo objetivo, una vez alcanzado lo anteriormente buscado.

Sin embargo, existe un momento, un punto crucial, al que se llega después de mucho andar, después de perseguir muchas «zanahorias» y alcanzarlas. Para descubrir que son «simples zanahorias», señuelos perfectos de ese juego enloquecedor de la mente, que corre para alcanzar lo más insustancial, aquello que se siente al tener supuestamente el objetivo ganado. «Quiero un coche, quiero dinero, quiero belleza, quiero poder», dice el sujeto, sujetado a su propia subjetividad, que va de aquí para allá, sin saber para dónde disparar. Solo cuando él sea disparado y termine perdido y confuso, reconociendo lo absurdo de este juego enloquecedor, solo así se habrá superado este punto crucial.

Momento mágico, oscuro, aparentemente terrible, lleno de preguntas, de dudas, de desconcierto. Es allí donde la magia aparece. Mas como todo acto de magia, necesitan ser dichas las palabras que den cuenta del surgimiento de lo verdadero: «¿Y ahora qué?». Cualquier ser humano puede plantearse ese «¿y ahora qué?», luego de haber conseguido lo buscado, porque seguirá sintiendo ese malestar que lo lleva a reconocer su propia insatisfacción. «¿Y ahora qué?» puede ser también el interrogante que aparece frente a la pérdida de aquello que tanto costó construir: una relación, un vínculo, un puesto de trabajo, una inmensa fortuna, un cuerpo perfecto, etc. «¿Y ahora qué? ¿Cómo sigo? ¿Por dónde sigo? Si todo lo que busqué durante toda mi vida me llevó al encuentro de la 'nada', ¿para qué seguir?, ¿por dónde seguir?».

Búsqueda, desencuentro, ilusión, insatisfacción, sufrimiento, dolor... Espejismos perfectos para no pensar, para seguir creyendo en lo que no es verdad, en lo efímero, en lo absurdo. Cuando se enfrenta al vacío, sin más intentos fallidos para tapar, para justificar, para sostener lo insostenible, es cuando se avanza. Pese a que aparente ser un terrible retroceso, se avanza de verdad.

En el sendero de la Iluminación se verá cuán falsos eran los temores y esperanzas de la propia mente. Sin llegar, se alcanzará el lugar del Buda; sin ver, se evocará en una visión a la sabiduría; sin esfuerzo, se hará fácilmente cualquier cosa. Comprendí que nada es, me liberé de la dualidad de pasado y futuro; aprendí que los seis reinos no existen. Quedé de una vez y por siempre liberado de vida y muerte, y entendí que todas las cosas son iguales. No estaré más atado al placer ni al dolor. Entendí que todo lo que percibo es una ilusión y fui liberado del tomar y el dejar. Comprendí la verdad de la igualdad y fui liberado tanto de lo mundano como de lo paradisíaco. También comprendí que la práctica, los pasos y las etapas son meras ilusiones. Así, pues, mi mente está exenta de esperanza y miedo.

Milarepa

Servicio

Servir al otro es servir a Dios.

Cualquier trabajo es importante para colaborar en la gran obra universal.

Servir... Servir... Servir al otro, servir a Dios, estar primero para el otro.

Hacerlo es reconocer que lo mejor es seguir los siguientes pasos:

- Estar con Dios.
- Haberlo encontrado.

- Ser en Él.
- Saberse abundante.
- Conocer la riqueza del Universo.

La tarea de cada ser

Ser un instrumento de Dios es dejarse usar para colaborar con el propósito universal. Ese «ser usado» responde a quiénes somos en verdad y a lo que nuestra alma tiene destinado para cada uno de nosotros. Podemos pasarnos toda la vida sin saber cuál es ese destino, supremo y maravilloso, con el cual lograremos elevarnos en nuestra propia evolución. Podremos igualmente ser felices (en el mejor de los casos), pero no llegaremos a experimentar el estado de plenitud desde la Totalidad. Siempre habrá algo que irrumpa en algún momento y que ponga en peligro el bienestar alcanzado.

Supongamos que encontraste al amor de tu vida, que lograste la familia que soñabas, que tienes tu trabajo ideal, tu casa anhelada, lo que sea... ¿Qué te garantiza que durará para siempre? Y si lo pierdes, ¿qué haces? ¿Te mueres?

No estamos preparados para perder; desde pequeños nos enseñan que solo se trata de ganar. Así nos convertimos en rivales despiadados de los demás. Pero lo peor es que nos convertimos en rivales absolutos de nosotros mismos. Nada nos es suficiente, iniciando así la despiadada carrera de alcanzar... lo inalcanzable. Ser eternos, no desde la plenitud del Ser (que efectivamente lo es), sino desde lo efímero, desde lo superfluo, desde todo aquello que surge para desaparecer.

¡Imposibilidad, locura! Verdadero delirio. Desdicha garantizada.

Todos somos instrumentos del Universo; lo sepamos o no, estamos cumpliendo con la gran obra universal. La ventaja de saberlo es que podemos formar parte del equipo como cocreadores, poniendo en juego nuestra decisión. Haciendo aquello que tanto nos gusta hacer, sea lo que sea, ya que no existen grados de valoración: es tan importante quien realiza una cirugía como el que prepara el almuerzo todos los días. Cada uno cumple su función. Y todos son necesarios en el juego de la vida. ¿Cuál es tu función en el Plan Perfecto de la Creación?

Por supuesto que no existe una sola función, una sola tarea; siempre vamos alternando según donde nos movamos en la cotidianeidad, en el trabajo, entre amigos, con la familia, con uno mismo. Dependerá de nosotros valorarla y no subestimarla y realizar cada acto con amor y a sabiendas de lo importante que es nuestra participación.

La Madre Teresa decía: «Nuestra tarea es como una gota en el océano, pero si no la hacemos, el océano se quedará sin esa gota». Seamos esa gota en el océano de la vida, buceando en lo profundo del amor, y disfrutemos día a día de cada tarea, agradecidos y bendecidos por ser parte de esta Creación.

Hoy mi tarea es escribir.

A través de esto que escribo intento llegar a ti para compartir mi experiencia, mi historia, que no es ni mejor ni peor que otras. Tiene la particularidad de poder hallarse uno mismo entre párrafos y líneas, pensarse en voz alta frente a otra persona, tratando de encontrar la Verdad. La de cada uno, la tuya, la mía, la del otro.

La única Verdad que encierra todas las verdades es que todos somos Uno, que el Amor es lo único que hay, y que hemos venido a experimentar lo que ya somos en esencia: el Amor, puro Amor incondicional.

Primer trabajo

Quiero saber lo que piensa Dios.

Lo demás son detalles.

Albert Einstein

En este primer trabajo quiero compartir contigo las escrituras que han surgido desde el encuentro con la Divinidad. Puedes llamar como tú prefieras a esa parte nuestra que como seres humanos nos conecta con lo más Supremo, con lo más elevado de nuestro Ser. No importa el nombre que le quieras dar. Lo esencial será reconocer que desde allí todo es posible, y que acceder a ese lugar nos convierte en dioses creadores, magos absolutos de nuestro diario vivir. Y nos obliga, sí o sí, a dejar de lado nuestra mente racional para suscribir a ese otro pensar, que viene del alma y nos abre las puertas a la sabiduría universal.

Este primer trabajo reúne las escrituras que surgieron en un inicio, al declarar mi «encuentro con Dios». Cada vez que lo hacía era en respuesta a lo que me estaba sucediendo, en especial a sensaciones y a sentimientos que emergían como consecuencia de lo nuevo, del camino que se abría ante mí. Estas anotaciones me permitían «ver», desde un lugar sumamente elevado, lo que sucedía.

Todo lo que transcribo a continuación, bajo el título «A la humanidad», forma parte de esas anotaciones, con fidelidad a lo dictado en su momento. Solamente hice dos modificaciones: pasé las respuestas a masculino, para darle un sentido general y resumí en los títulos el tema principal del texto.

Recuerda que todos somos Uno, que todas las historias responden a una única historia, donde siempre se habla de Amor. Cambiarán los escenarios, se modificarán las circunstancias, los personajes variarán, pero el dolor es el dolor, la tristeza es la tristeza y la soledad se siente igual. La única diferencia es lo que cada uno hace con eso, cómo reacciona, cómo elige transformarlo y usarlo a favor del propio crecimiento.

Por eso, he aquí mi historia, el camino por mí elegido. Elijo compartirla contigo, ya que hoy decido llegar a ti de esta manera.

Ojalá puedas encontrarte, recorriendo el camino de la letra, sintiendo la misma energía que sentí al escribir.

Confía, avanza, investiga, sé parte activa en la Creación.

Gracias por haber llegado hasta aquí.

Adelante, estarás en buenas manos.

A la humanidad

La voluntad de Dios: «Estamos juntos en esto»

Que se haga Mi Voluntad no significa que tú no participes en esto.

No se trata de entregar tu vida des-responsabilizándote.

Ni tampoco que me preguntes: «Dime qué hacer», y listo.

Imagina que al levantarte cada mañana, me preguntaras qué hacer, con quién hablar, o adónde ir. No solo sería vivir una vida cual marioneta manejada por otro, sino que terminarías aburriéndote y enojándote si algo no resultara como esperabas. La renuncia, la entrega y el rendirse a la voluntad Divina es no empujar, no forzar los acontecimientos para que ocurran caprichosamente, pero sí es responder ante cada elección.

Estamos juntos en esto.

De allí el libre albedrío que trae el amor, el puro amor incondicional.

Hasta los grandes sabios, maestros iluminados y santos de toda época se atormentaban por descifrar mis mensajes. Algunos, incluso, confundieron mis palabras con su propia voluntad, con su propia mirada de Dios. Construyeron a su imagen y semejanza un Dios muchas veces torturador, vengativo o castigador.

Nada más lejos de Mí que desear hacer sufrir a mi propia Creación.

Tu tarea es avanzar, elegir, aprender a escuchar la voz de tu alma, la voz de tu corazón, que es una de las tantas maneras en las que puedo comunicarme contigo.

Las imágenes, las señales, las sensaciones o intuiciones son también muchas de las maneras en las que te voy a hablar.

Y aunque al elegir te equivoques, deberás saber que no existe el equívoco ni el error. Ese no es más que un disfraz, un señuelo, una emboscada para atraer lo que tu alma necesita experimentar a cada momento, en cada paso del continuo avanzar.

Cual grano de arena

Son estos tiempos muy especiales para el planeta Tierra, momentos donde la energía está vibrando de una manera muy distinta.

Los cambios climáticos y la transformación que se está produciendo en los paisajes dan cuenta de la terrible intervención del hombre. Esto afecta no solo a los fenómenos de la naturaleza, sino también a la psiquis y a las emociones del ser humano. Por eso, es un momento de profunda necesidad de cooperación, donde todos los seres humanos son importantes para el trabajo.

Vibrar en energía de Amor eleva los niveles energéticos del planeta, y produce, como consecuencia, cambios inimaginables.

Aquel que conoce el mundo subatómico sabe del funcionamiento y desenvolvimiento de la energía. Por eso es imprescindible ser conscientes de lo fundamental e importante del trabajo y la participación de cada uno.

Cada grano de arena, por pequeño que sea, está en función de otro. En consecuencia, es importantísimo colaborar y tomar plena conciencia del momento por el que se está atravesando. Y desde allí, colaborar, reunir fuerzas, es mucho más que progresar. Es «evolucionar», desde la triste destrucción por la que está atravesando la Tierra hacia una solución definitiva.

Contínúa y avanza

Estás donde debes estar, eres quien debes ser. Todo resulta a la perfección cuando te entregas a las manos del Altísimo. ¿Dónde ir? ¿Cómo avanzar? Déjame guiarte al mágico lugar donde todo es posible.

Una tarea es una tarea, y una meta es una meta. Eso no significa que todo deba resumirse en buscar la mejor manera de continuar.

Lo importante es continuar, avanzar paso a paso, con seguridad y confiando en mi conducción y guía.

¿Qué es dar?

No se mide tu bondad o tu generosidad por el dinero que das.

Claro que esa generosidad incluye la posibilidad de dar, pero habrá circunstancias en las que te sientas limitado para dar dinero.

Dar para demostrar cuán bueno y generoso se es, evidencia una actitud propia del ego. Es como si tu ego te dijera: «Soy tan bueno que doy todo lo que tengo», «Soy generoso porque así la gente me querrá más».

No se trata de dar solo lo material: mucha gente utiliza este mecanismo para limpiar su conciencia, para aliviar la culpa o hasta para comprar un poco de amor y reconocimiento.

El dar, siempre que se haga de corazón, llega al corazón del otro. Solamente cuando es desinteresado, es verdadero y lleva consigo la carga energética de la real intención.

No dar dinero, por alguna limitación económica o financiera, es también una prueba de humildad para tu ego, que seguramente se está sintiendo menos por no poder o no tener lo que quisiera dar en comparación con los demás.

Saberse generoso tiene que ver con el deseo de dar, de estar por el otro y para el otro, y de la total disponibilidad frente al servicio. Eso es dar.

Escribe

Escribe, escribe por Mí y para Mí, escribe a través de Mí.

Hoy tu mano es mi pluma, y tu papel, la razón para que se plasmen las letras que dan cuenta de mi voz.

Si las palabras son leídas y al escucharlas resuenan en el corazón, será signo de Verdad, no simple juego de palabras, no simple juego intelectual.

Palabras llenas de sentido, palabras cargadas de Verdad.

Palabras que llegan al alma, que confortan, que abrazan.

Palabras que bañan de luminosidad la esencia del ser humano.

Palabra... Verdad.

Desde la cima de la montaña

Eres la belleza en la naturaleza de la Creación.

Contempla a través de tus ventanas la luz de la Verdad.

Observa el inmenso poder de la energía del Amor. Sus maravillosas posibilidades de manifestarse, su infinito poder de Creación.

El poder de la montaña te conectará, cada vez que la subas, a tu inmenso poder interior. Siempre que no sea tu vanidoso ego quien lo haga para conquistarla, para vencerla, cual batalla que se libra, donde existen un vencedor y un vencido.

La montaña te hablará cada vez que le preguntes todo cuanto necesites saber de ti. Acceder a su lenguaje es abrir el corazón a ese maravilloso sonido del silencio. Como así también a las señales que indican el camino, a lo sutil que enmarca semejante escenario natural. Tú eres una más de estas maravillas creadas por Mí, eres parte del Todo y, al mismo tiempo, eres el Todo, donde el Ser y la existencia se unen en un recuerdo en común que da vida.

Contemplarás desde la cima la infinidad que refleja el horizonte. Las nubes serán el marco de la belleza de ese cielo azul.

Mira a tu alrededor y verás, en cualquier punto en que se pose tu mirada, mi Ser y mi Presencia. Así tendrás la maravillosa posibilidad de percibir la energía Divina, que emana del alma en la cima de la Creación.

Amor y pasión

Contempla tu sentir, no te aturdas con las palabras.

Abre los ojos del alma que conecta con tu corazón y tu verdad.

Mira con los ojos del Amor y verás... claramente verás.

No importa quién sea el otro o qué quiera de ti, solo importa quién eres y qué quieres de ti mismo.

¿Quién eliges ser?

¿Qué eliges experimentar de lo más verdadero de tu ser?

¿Qué eliges hoy?

¿Dónde eliges poner la pasión y cómo quieres transformarla?

Ya no hay más análisis racional de lo que dice o hace el otro.

Tu corazón, en la soledad de tu mundo interior, sabe muy bien qué siente, qué quiere y qué nuevos desafíos emprenderá.

Ya no alcanzan palabras bonitas para hablar de Amor.

El Amor se siente, es unidad, es común-unión, es principio y fin, es eternidad, no es conflicto ni dolor.

El Amor es Amor, y así se sentirá cuando sea de verdad.

No debes confundir la pasión con el Amor.

La pasión es efusiva, explosiva, sobredimensiona, agranda, enaltece.

El Amor concentra, conecta, apacigua, simplifica, une.

Registra lo que siente tu cuerpo al acercarte al otro y escucharlo hablar.

Deberás aprender a escuchar a tu verdad.

La pasión contrae, aprisiona, confunde, enloquece.

El Amor expande, libera, aclara, sana.

La pasión es explosiva, enceguecedora, manipuladora, especula momento a momento.

El Amor calma, nutre, permite ver claramente, deja ser.

El Amor es aquello que permite sacar lo mejor de ti y te conecta con lo más elevado de tu Ser.

La pasión es adrenalina pura, enciende más el cuerpo que el alma, aparece para luego desaparecer.

La pasión activa solo sensaciones corporales, es transitoria, inestable, está y no está. Es burda, aguda y demasiado evidente.

El Amor es sutil, pero a su vez profundo; es permanente y eterno, siempre está.

El Amor no es emoción sino sentimiento. Conecta con experiencias corporales desde una constante que perdura y permanece.

Piensa, siente y percibe estas diferencias en tu cuerpo y desde tu alma.

Y elige siempre el Amor, puro Amor.

Poder

Cuando alguien quiere convencerte de algo, ya existe en semejante hecho la lucha implícita de ganar y no perder.

Ganar-perder, vencedor-vencido: es en este juego donde el poder se manifiesta para ser probado. ¿De qué poder hablamos? ¿Poder qué?, ¿sobre qué? Pura espuma, pura sugestión. Creer que alguien puede sobre el otro es creer en una ilusión.

Todo aquel que ejerza poder sobre otros, cualquiera que sea, caerá en la trampa de creer en la ilusión de ser mejor o peor que los demás.

Incluso privando de la libertad física a una persona (uno de los casos más extremos de ejercicio de poder), existe un espacio a través del cual, como por arte de magia, se es libre, libre de verdad.

Personas que, por alguna razón política o social, han sido detenidas y privadas de la libertad física han producido sus mejores obras al conectarse con la libertad que une el pensamiento con el corazón.

No permitas que nadie, por más que intente convencerte a través de la sugestión, te quite la libertad absoluta de conectarte con tu propia Verdad.

Este es no solo tu derecho, sino tu responsabilidad, porque tienes que hacerte cargo de tus propias elecciones, sin acusar a nada ni a nadie de haberte privado de semejante derecho.

Cerrar círculos

Cerrar círculos no es fácil, resulta hasta paradójico pensar en separarse. Por la simple razón de que es desde el pequeño «yo», el ego de la persona, desde donde se intenta cerrar o dejar una relación.

Mas el alma sabe y reconoce que, en torno a la Verdad universal, todos conforman el Uno. Por eso esta idea de la separación resulta descabellada. ¿Cómo separar la Unidad? ¿Desde qué lugar?, ¿por qué?, ¿para qué?, ¿se puede? La maravillosa posibilidad de experimentar el Amor lleva al ser humano a ensayar y probar distintas maneras que puedan acercarlo a todo aquello que le dé placer. Por asociación, con ello se genera el deseo.

Por otra parte, todo cuanto le provoca displacer lo asocia directamente al dolor, y, como consecuencia, le provoca aversión. Así placer y displacer aparecen como extremos contrapuestos en el juego de polaridades.

Dime, ¿has llorado alguna vez por sentir de modo intenso el Amor? ¿Has llorado no por *falta* de Amor, sino por su gran *abundancia*? ¿Has experimentado en algún momento sensaciones de desagrado, pero por esto no dejaste de amar al otro? ¿O sí?

Placer-displacer, apego-rechazo son conceptos que juegan en torno al ego como señuelos, para atraparlo y enredarlo en la ilusión de creer que se puede estar separado del otro.

Es cierto que en el camino de la vida, a medida que se avanza en el juego del existir, el ser humano va encontrándose y desencontrándose con los demás. Establece vínculos de amor, de amistad, de camaradería, de compromisos. Como así, a medida que surgen los conflictos se distancia, discute, y al confrontar con el otro, lo hace también consigo mismo.

No es nada fácil para el ego aceptar ser rechazado porque inmediatamente lo traduce como no ser querido, no ser suficiente, ser desvalorizado. Es como si te dijeras: «Sin el otro me muero, si el otro no me elige, yo desaparezco».

Así, el ser humano va haciendo de todo para ser querido, para ser reconocido una y otra vez, para subsistir. De muchas maneras, y a través de muchos caminos, intentará agradar, gustar, atraer, generar magnetismo en los demás.

Intentará, no pasar inadvertido, llamar la atención de mil maneras. Será una posibilidad, locamente fantaseada, que le permita llamar al otro, y así convocarlo al encuentro.

Pero existe un detalle que no se advierte cuando el ego se siente rechazado. Por ejemplo, cuando alguien se te acerca para decirte de muchas maneras: «No te elijo», «no quiero estar contigo», «no me agradas», lo que esa persona está diciendo es simplemente que no puede estar, evidenciando su imposibilidad de vibrar en la misma energía y poder compartir un vínculo. Esto no es mejor ni peor, simplemente sucede que el desencuentro genera distintos intereses, otras miradas y elecciones en la vida. Esto forma parte de los distintos momentos evolutivos que va atravesando el Ser, y allí se produce la distancia física. Nada tiene que ver con la valorización o desvalorización hacia la persona.

Despedirte de alguien porque en este momento decidiste seguir otro camino, es despedir *ese camino* por donde camina *ese alguien*. No es al Ser, en esencia, a quien se deja o se despide; eso es imposible, es renunciar a seguir compartiendo momentos en la cotidianeidad de la existencia. Es el ego, en su afán de apegarse a lo que quiere, el que intenta retener, el que quiere poseer, el que hará hasta lo imposible con tal de no perder su objeto de deseo.

Piénsalo bien, en verdad, ¿se puede poseer al otro? ¿Se puede tener, como si fuera un objeto, la existencia de un ser humano? ¿Qué idea delirante puede ser esta sino la consecuencia de los delirios de grandeza del ego?

Frente a semejante delirio, la realidad se torna compleja, confusa, contradictoria, se hace imposible encajar una situación con otra. Entonces, allí, frente al abismo, surge la desilusión. Y el ego desilusionado es capaz de reaccionar de mil maneras: proyectando el dolor hacia el mundo, o transformándolo en agresión contra otros, o sumiéndose en profunda melancolía que lo deja totalmente desganado frente a la vida, o buscando nuevos objetos que le servirán de señuelo para volver a crear nuevos delirios.

Por eso, cada vez que te despidas de alguien, que sepas que le estás diciendo adiós al contacto físico, a la presencia física del otro, pero jamás podrás decirle adiós al Ser.

Encuentro

Cuando has encontrado la Verdad, cuando te has encontrado con el Creador desde un lugar permanente y no fugaz, todo cae. En un abrir y cerrar de ojos, todo aparece absolutamente claro y sin ninguna pizca de duda o confusión. Así de simple y así de profundo, es este punto crucial donde, al verse todo con claridad, lo oscuro queda expuesto. De esta manera, se desenmascara todo aquello y a todos aquellos que, en nombre de Dios, en nombre del Amor, especulan, manipulan, aprovechan, juegan sus juegos de delirio de grandeza mientras atrapan a la gente vulnerable que, fallidamente, buscan donde no hay, en lugares vacíos de Verdad.

Crecer desde el amor

Creer que para evolucionar tienes que atraer desafíos que activen todas y cada una de tus sombras es caer en un error.

Cuando los desafíos son atraídos desde el dolor y desde el padecimiento, terminan atrayendo más de lo mismo. Y si bien es importante reconocer lo oscuro de cada uno para poder atravesarlo, puedes crecer desde el Amor en vez de hacerlo desde el doloroso desafío.

No es con el dolor con lo que se calma el dolor.

No es con lo oscuro del otro con lo que se ilumina la propia oscuridad.

No es con la sombra de los demás con lo que se curan las heridas.

Una cosa es que a través del espejo de las relaciones puedas ver reflejado lo tuyo, y respondas a la pregunta: «¿Qué refleja de mí el otro?», y que de allí puedas tomar lo que veas para que, al hacerte cargo, puedas transformarlo. Pero otra cosa es involucrarte con el otro, enroscarte, engancharte. Esto termina siendo enloquecedor, ya que cada uno activará lo peor del otro, y se provocarán dolor mutuamente.

Busca la distancia óptima en la relación con los demás.

Al relacionarte con los otros, puedes ver en el semejante todo aquello que te ayude a evolucionar.

Si eres un buen observador, podrás tener claros ejemplos de lo que quieres para tu vida. Podrás descubrir, a través de lo que admiras en el otro, lo que te gustaría cambiar en ti. También verás si esta admiración se transforma en envidia, celos o rivalidad.

A través de la crítica que hagas del otro, comprenderás lo que no toleras en ti mismo y deberías modificar. A través del dolor que puedas sentir en una relación, sabrás qué valores eliges para tu vida, reconocerás tus virtudes, tus cualidades, todo lo que hayas ganado mediante las experiencias vividas.

Frente al otro y en la interacción con los demás, descubrirás y reconocerás quién estás siendo en ese momento. Y de allí, a partir de semejante revelación, verás quién quieres ser en adelante.

Esta paradoja Divina te mostrará que, para descubrir quién eres, necesitarás de la relación con los otros y, al mismo tiempo, de tu propia soledad. Y cuando estés con otros dependerá de ti el tipo de vínculo que establecerás.

Una manera de darte cuenta de que debes tomar más distancia en una relación, es analizar lo que esa relación te genera, qué provoca en ti, cómo te hace sentir. Si activa lo peor, lo más oscuro de tus sombras, agradece esa oportunidad de poder verlas salir al descubierto. Necesitarás apartarte para poder atravesarlas, ya que será lo más oscuro del otro lo que lo activará y, por ende, en medio de tanta oscuridad, la luz no se podrá reflejar.

Si te quedas, si permaneces más del tiempo necesario en la relación, corres el riesgo de empezar a regodearte en el dolor y, sin darte cuenta, empezarás a acrecentarlo al proyectar y culpabilizar al otro de tu malestar. Son esas relaciones, que lamentablemente se ven tan a menudo, en las que sus integrantes pareciera que se hubieran juntado para pasarlo mal, para maltratarse mutuamente y así asegurarse la propia infelicidad.

De ti depende hasta dónde te has de involucrar.

Las relaciones humanas son muy complejas, pero eso las vuelve absolutamente enriquecedoras.

Lo complicado es que cuando empiezan a generar algún tipo de afecto, comienzan a aparecer la demanda, el temor y todo aquello no resuelto en la historia de cada uno.

Así surge el conflicto y la dificultad de poner la distancia óptima para que cada uno pueda ver lo suyo y, a la vez, lo del otro.

La dulzura de ese amargo sabor

No debes estar triste por amar; con cada intento aparentemente fallido se avanza al verdadero encuentro con el Amor.

Sientes dolor, pero eso significa que puedes amar, que has arriesgado, que tienes el coraje de abrirte y de dar.

A veces no es al otro a quien se pierde, sino es el otro quien se pierde la posibilidad de ser amado.

Hay momentos en los que la Verdad debe ser probada y sabe un poco amarga, pero solo al ser digerida se extrae su verdadero sabor.

Para que la dulzura se deposite en el interior del alma se debe aguardar, es algo que debe surgir, no puede experimentarse de buenas a primeras.

Al principio, la Verdad sabrá amarga, pero como la mejor medicina es la que tiene desagradable sabor, habrá de tomarse para curar el dolor.

La Verdad es para ti una elección y el mejor antídoto contra el temor.

Deberás ser paciente y confiar, para acceder con el tiempo a la dulzura de ese amargo sabor.

Cada cual en lo suyo

Continúa tu tarea, fluyendo, no cuestiones, no compares, no te apoyes en el juzgamiento intelectual.

Ningún propósito es mejor o peor si está al servicio de la humanidad. Cada cual desde su lugar tiene una función, debe cumplir con su propósito existencial, no importa el nivel ni las condiciones particulares de cada uno. Si está conectado con su Verdad más elevada, fluirá de la mejor manera posible su contribución con la humanidad.

Dudas

Será tu mente la que haga aparecer las dudas, mas dependerá de ti qué lugar le des a este surgimiento. Podrás detenerte a observarlas, sin juzgarlas, sin ningún tipo de racionalización, o empezar a tomarlas demasiado en serio y comenzar a discutir con ellas: rechazarlas, aceptarlas o negociar. En consecuencia, la duda atraerá más y más duda.

De ti dependerá que sea esta una *llave* que abra la puerta hacia la Verdad o hacia la trampa que te enmarañe entre cuestionamientos que te confundan aún más.

La clave es que, cuando te interrogues, dejes participar a todo tu Ser.

No solo la razón debe jugar el juego del cuestionamiento, también tu alma y tu corazón deben ser partes de semejante acontecimiento.

Es tu cuerpo una herramienta más que especial para descubrir aquellas Verdades que, una vez alcanzadas, generan un estado de completitud y de reconocimiento físico.

Es como si te dijeras: «¡Ah... era eso!», una expresión que denota que de algo te habías olvidado. Por eso, frente a la duda, pregúntate: «¿Qué pienso y qué siento en relación con esta duda?».

Avanza primero a través de las sensaciones, y luego surgirá aquello que permanecía debajo de ellas. Es tu mente la que permite el acceso a ideas que cuestionan. Y si bien esto forma parte del proceso de interrogarse, serás tú quien le dé su correcto lugar.

No debes cuestionar el proceso, no puedes evaluar una obra que no ha sido terminada. Por eso, en medio de un proceso de cuestionamiento y resolución, deja que la duda te vaya llevando, a través de los pensamientos y del sentir, a aquellas certezas que hablan de ti, de tu Verdad y de tu realidad.

Respira, respira

Contempla tu respiración para conectarte con tu esencia.

La manera, el ritmo con el cual fluye el aire que entra y que sale, es una clara señal de cómo estás viviendo tu vida.

¿Te falta el aire al hablar? ¿Sientes que estás corriendo? Si detienes el andar, ¿tu corazón sigue acelerado? ¿Sientes que te falta tiempo? ¿Qué marca el latir de tu corazón al bombear la sangre por tus venas? ¿Qué pensamiento se te cruza al detener la marcha y sentarte a respirar?

Es en lo más sutil donde se encuentra tu Verdad. Por eso será cuestión de despejar lo no sutil, lo burdo, lo obvio, aquello que pierde su registro por estar demasiado presente. Lo sutil puede observarse aprendiendo el arte de la contemplación.

Podrás observar un árbol, pero solo cuando puedas:

- detenerte, reconocer el color de sus hojas y apreciar las nervaduras que recorren su textura como si fueran venas llenas de savia;
- ver el sutil movimiento que pareciera hacer danzar sus ramas a través del suave viento;
- observar su tronco y reconocer su edad, y cuántos inviernos, cuántos otoños, cuántas primaveras pudo atravesar;
- fundir tu mirada en su estructura y perderte en él, siendo parte de él, y te conviertas en Ser... *árbol*.

Solo en ese instante podrás hasta escucharlo *hablar* a través de tus pensamientos, utilizando tus propias palabras, unido al lenguaje que expresan los sentimientos.

Solo en ese instante habrás contemplado verdaderamente la Creación.

Sin embargo, si no aprendes a contemplar:

- mirarás sin ver;
- oirás sin escuchar;
- hablarás sin saber lo que estás diciendo.

Por supuesto que todo lo que al principio parecía requerir demasiado esfuerzo, luego se convertirá en algo natural, en algo que, sin ser buscado, se encuentra en cada acto, en cada acción y a cada paso en el andar.

Contempla, contempla primero tu respiración.

Siente el aire que entra y que sale intercambiando las moléculas, siendo tú mismo un átomo de la maravillosa Creación.

Sé aire y, a la vez, sé tu propio cuerpo que lo recibe.

Solo te llevará unos segundos conectarte con la esencia. Contempla, contempla todo cuanto hagas, en eso consiste meditar. No importa lo que estés haciendo, no es necesario armar todo un ritual; si esto te ayuda y es para ti importante, hazlo, pero no es lo esencial.

En cada acto, en cada paso, sé parte del Todo y fúndete en aquello que elijas realizar. Aunque elijas hacer no hacer, en ese simple acto aprenderás a contemplar también el vacío, que por mínimo que sea, recrea los espacios en los que están interconectadas las diminutas partes que conforman la Unidad.

Ser el Creador es ser el Todo y las partes de la Creación.

Es ser el Uno y, al mismo tiempo, cada una de las unidades que lo conforman.

El Todo y las partes, eso es ser y vivir en el Uno, eso es ser y estar conformando la existencia total de la humanidad.

No debes proponértelo cual si fuera una obligación o una pesada tarea; si lo haces con esa actitud, será un padecimiento y no lo disfrutarás.

Una opción es que tomes una fuerte determinación y te comprometas a hacerlo, y otra es que te obligues y una parte tuya se resista y lo sufra.

Esto de nada servirá, hasta sería mejor no hacer que hacerlo desde ese lugar, ya que transformarías algo hermoso en un acto de puro padecimiento.

El arte de la contemplación es el arte de la Creación y de la re-Creación.

Crear y volver a crear lo creado a través de la mirada, a través de la observación, es darle vida a aquello que contemplas.

Y es de esta manera que lo haces propio, que tu ser puede formar parte de ese otro Ser, y viceversa.

Pruébalo, inténtalo. Forma parte de la experimentación.

Ensaya y comprueba lo que significa ser un verdadero Creador.

Contempla-Respira-Observa-Medita.

Sé en Mí tu propio Creador; sé a través de Mí tu propia obra.

Que tu piel resplandezca de tu luz interior...

Que tus ojos sean espejos de tu propia Creación...

Y que tus palabras sean suave melodía que haga sonar el ritmo de tu noble y gran corazón.

El único camino

¿De qué te asustas? ¿Por qué corres? ¿A qué le temes?

Cualquier explicación que quieras darte no será más que eso, una explicación racional e intelectual de un proceso que va más allá, que encierra mucho más que el intelecto, que supera cualquier explicación racional.

El problema se revela cuando te asustas poniendo el poder afuera. Fíjate si cuando te preguntas cuáles son las mejores condiciones para continuar con tus tareas, pones el acento en creer que lo esencial para continuar serán esas condiciones. Lo que debes recordar es que frente al Amor, a la Verdad y a la Luz no hay temor, engaño u oscuridad que pueda vencerlas. Solo es cuestión de reforzar ciertas cuestiones, y crear esas condiciones que te ayuden con la tarea dentro de tu entorno.

Atrévete a encontrar tu propio camino, creando y jugando a explorar y experimentar con todos tus cuerpos: físico, mental y espiritual. Por supuesto que cuanto más se avanza en el camino de la Luz y del Amor, cada vez son más los lugares de donde se es expulsado, rechazado y donde la propia alma no elegiría tampoco estar. Ya no es solo un acto de voluntad del alma, sino que cuanto más se eleva la vibración de la energía del Amor, hay más posibilidades de que se cierren algunos caminos. Es como si el trabajo de elección se ejerciera en conjunto, en común-unión con el cosmos. No hay dudas, son solamente certezas que traen las señales cuando una puerta se abre para invitarte a pasar o se cierra para dejarte afuera.

Recuerda siempre que existen maestros encubiertos, recuerda siempre que las grandes experiencias vienen a veces disfrazadas de dolor, otras de desilusión, hasta llegar a un estado donde no será necesario sufrir para avanzar hacia el encuentro con la Verdad que te habita desde siempre.

Todo es especial y, a la vez, es nada

Todo *es* y *no es* al mismo tiempo. Todo se muestra para, a su vez, ocultarse de nuevo en una manifestación de la Verdad.

Aprende a soltar, a desapegarte, a contemplar la Verdad.

La Verdad tal como se muestra, tal como es.

Sin exaltación, sin ilusión o desilusión, sin apego ni aversión, sin generar nada más que la sola contemplación. Y, de este modo, dejar en el correcto fluir la enseñanza, los mensajes que ayuden a la humanidad y estén a su servicio. Sueña y piensa jugando a ser parte de un mismo juego. No creas ni des-creas, solo observa.

El temor surge porque no quieres desilusionarte y prefieres creer que lo que pudo pasar, no pasó.

Pero dime, ¿qué pasó? ¿Qué fue para ti lo que sucedió? ¿Cuál es el conflicto que causa la duda en ti? ¿Cuál es la razón que te lleva a experimentar esta desagradable sensación? ¿Lo sabes, lo intuyes? ¿Puedes ver de dónde viene y hacia dónde va?

Tú, que ya conoces el camino, cada vez que te sientas perdido, deberás reconsiderar el lugar común, conocido, donde surgieron los encuentros, los hallazgos, las verdaderas revelaciones de tu alma.

Sin temor y con valor debes continuar sin detenerte.

Continúa. Continúa avanzando, porque aun cuando creas estar retrocediendo, no lo estarás, y mucho menos si el camino lo haces de la mano del Altísimo.

¿Por qué dudar?, ¿de qué dudar? Y así, cuando llegues a integrar los caminos recorridos, aunque opuestos en apariencia, reconocerás que:

- todos conforman el Uno;
- el camino es el mismo;
- el misterio se revela al avanzar paso a paso, dejándose guiar por las señales. Son ellas las que revelan ese entramado invisible y auténtico que sostiene, como un hilo que hilvana cada parte, la Totalidad.

Agradece y aliviana lo pesadas que pueden resultarte las responsabilidades que hayas asumido. Primero piensa en celebrar la vida, lo cotidiano, el día a día.

Luego, desde el estado de simpleza y liviandad, vive sin prisa. Y todo surgirá como consecuencia del fluir armonioso de tu vida.

Agradecerás cada acción, cada palabra, cada pensamiento, cada encuentro o desencuentro, por ser un regalo del Universo.

Juega alivianando la tarea. Juega y vuélvete creativo. Siente la ligereza en el vibrar sutil de la energía del Amor, energía tan veraz, tan auténtica y profunda que no puede no manifestarse.

Juega y, a la vez, celebra la vida que has de comenzar en este nuevo hallazgo, en este nuevo encuentro con la manifestación materializada de tu pedido. Juega y celebra la vida, disfruta y enseña el Amor.

Vivencia en tu propia experiencia el arte de amar desde la incondicionalidad. Vive la vida del Amor y de la Paz, con la sonrisa que brote desde el alma y refleje en el brillo de tus ojos la Verdad.

Compromiso

Si quieres asumir la tarea más elevada que tu alma tiene para ti, no debes preocuparte por nada. El no juzgamiento y la no racionalización deberán formar parte de tu compromiso. Y deberás asumirlo desde tu libertad, siendo una determinación tomada con total y absoluta claridad.

Y aunque digas «sí», el Universo envía la respuesta y vuelve a preguntar. Esto sucede por varias razones: por un lado, porque todo se desenvuelve en continuo cambio, el Universo se crea y recrea a cada momento, minuto a minuto. Por otro, muchos son los deseos y anhelos que se piden como suspiros enviados al aire. Solo estando frente a ellos se comprueba si eran palabras vacías, desprovistas de compromiso y veracidad, o estaban llenas de sentido y eran realmente importantes.

La mente siempre fantasea: «Si tan solo fuera esto o aquello...», «si tan solo tuviera esto o lo de más allá...». Y así, en continuo lamento por no tener lo que se anhela, se va en busca de estos ilusorios objetos de deseo. Solo estando frente a ellos se comprobará, cara a cara, qué son en verdad, cuánto dura la ilusoria sensación que ellos generan, qué generan en verdad, y qué aspectos reflejan de aquel que lo pidió.

Si fueron objetos deseados por el ego, crearán la ilusión de completitud, del *ya está*. ¿Qué está? y ¿cuánto dura esa sensación en el cuerpo? Es así que, enseguida, todo cae y desaparece para volverse a reacomodar. El cuerpo y la mente se acostumbran a lo nuevo adquirido y de este modo comienzan, una vez más, otra búsqueda.

En el juego enloquecedor de ir en busca de objetos-señuelos, se cae en la trampa de la tentación. Así son los medios y el sistema, que comienzan a influenciar más y más, generando deseo y especulando con esta tentación. ¿Qué tentación? La de creerse imperfectos, incompletos, carentes de todo cuanto pudieran tener para ser.

Pero ¿alguna vez te preguntaste quién o qué ser?

Tal vez sea esa la clave en verdad: primero *ser*, después *tener*.

¿Qué o quién se puede ser teniendo cada vez más y más objetos de consumo? ¿Quién termina, en verdad, siendo *usado*? ¿Los objetos adquiridos o los supuestos dueños? ¿Quién termina adueñándose de quién? No hay mayor esclavitud que adquirir más y más. Se deben asumir mayores responsabilidades financieras, surgen las presiones y el tener que cumplir con los demás. El Ser termina perdido y atrapado en medio de tantos compromisos por *nada*.

Si tan solo el ser humano se detuviera a pensar y se interrogase: «¿Quién soy?», «¿quién quiero Ser?».

Solo así se verá reflejado en el espejo de la Verdad, de lo verdaderamente real.

¿Qué verdad? Aquella que sostiene que lo más importante es ser, y después viene el tener.

El poder de sugestión

Nada ni nadie puede ejercer el poder de sugestión sin que el otro esté ya sugestionado. Tiene que existir una hendidura, un espacio donde el vacío dé lugar a ser llenado, en este caso, con la influencia que se ejerce a través de la sugestión.

Nunca es el otro quien hace o deshace en ti, sino tú mismo eres quien hace que el otro haga, y también eres quien se deja hacer (manipular, entrampar, engañar). Y así te conviertes en víctima del otro, pero lo que no sabes es que primero fuiste víctima de ti mismo.

Al no poder jugar ambos roles, uno de los dos se proyecta hacia afuera, y encuentra fácilmente el *partenaire* ideal.

Sin duda, esto responde a la propia historia, a lo que cada uno vivió. Pero llega un momento en que el ser humano, reflexivo y responsable de su vida, elige qué quiere para sí mismo. Entonces, deberá ir en busca de ello, no sin antes reconocer que para tener todo aquello que se quiera tener, se debe primero Ser.

Y es desde este Ser que todo surge de modo natural, fluidamente, como por arte de magia...

Prueba y verás.

Anticipación

Es en la anticipación donde aparecen las preguntas que trae la mente temerosa para cuestionar desde el prejuicio lo que se está haciendo. El problema está en el planteamiento de la pregunta. No se trata de evaluar o juzgar qué se está haciendo, sino que se trata simplemente de responder quién se está siendo.

Esto cambia radicalmente la mirada sobre la situación. El que pregunta por el hacer, es ni más ni menos que el querido ego. Es él quien siempre quiere saber si lo que hace está bien o mal, es él quien busca una calificación «muy bien, diez».

¿Por qué? Porque le teme al fracaso, a hacer las cosas mal.

Y es por creer en el fracaso y en el error que surge el temor.

Este temeroso ego es quien señala con su dedo acusador, para decir qué está bien o qué está mal, para marcar el ilusorio camino del supuesto éxito asegurado. Este ego no es más que el resultado de toda una historia personal, donde se suma la cultura y lo social. Son los otros, en un inicio, quienes determinan qué es bueno y qué es malo para el niño. Es en ese mundo infantil donde se formarán todas y cada una de las estructuras mentales que proyectarán, luego, a través del yo, juicios y más juicios, dictaminando qué hacer, por dónde seguir, qué elegir, etc.

Mapas, parámetros, estructuras, encuadres, diferentes miradas que hablan por otros, transmitiendo creencias, prejuicios, anécdotas o experiencias que, vividas por otros, distorsionan la Verdad.

Además, ¿cómo podría transitar una vida cuyo camino está hecho por otro?

¡Cuánta locura, cuánta necedad, cuánta ignorancia!

¿Por qué? ¿Para qué hacer esto?

Simplemente, por comodidad, por temor y más temor.

Es más fácil (aparentemente) hacer lo que otros dicen que arriesgar el propio camino. Esto no solo aseguraría no ser rechazado, sino que des-responsabilizaría el propio existir.

¿Fácil? ¿Puede ser esta una manera fácil y cómoda de vivir la vida?

¡Locura, más y más locura!

Tú eliges: vivir una vida encadenado a los condicionamientos de los demás, o vivir una vida de auténtica libertad, donde tú eres el autor, donde colaboras con el Plan Universal de la Creación y descubres en tu interior tu propia Divinidad.

Canalizar

Ser un canal es simplemente ser un medio, un puente, una herramienta del Universo. Ser un canal es poder transmitir, manifestar, dar cuenta de aquello que el Universo quiere expresar.

Es en ese *fluir natural* donde aparece la famosa *inspiración Divina*.

Todos pueden ser canal, todos son instrumentos de la Creación.

El problema se presenta cuando la mente comienza a replantearse, a cuestionar, hasta dónde se es amo absoluto de su creación, en qué medida le pertenecen *los derechos de autor*.

No solo se presenta bajo esta forma de vanidad, sino que también puede aparecer bajo el disfraz de la inseguridad: «¿Estaré enloqueciendo?, ¿será un delirio o una genialidad?».

Entonces, el ego comenzará a dar vueltas preguntándose de qué se trata, a quién le corresponde la obra, en vez de dejarse llevar por semejante inspiración, agradeciendo humildemente ser, nada más y nada menos, un portavoz.

Es el ego el que genera esta aparente complicación para regodearse de su producción, para sentirse importante, para sentirse superior.

El ego es esa parte del yo que divide, que separa, que prejuzga, que encasilla, que hace todo lo que está a su alcance para preservar su existencia. Todo cuanto resulta amenazante será rechazado por él, todo lo desconocido será reconocido como peligroso para su bienestar.

Si te preguntas por qué o para qué hace esto, descubrirás que más que ser un personaje *temerario*, el ego es un personaje *temeroso*, un pequeño asustadizo que se disfraza de verdugo para hacerte sufrir. No lo hace por maldad; es su propio sufrimiento el que lo hace proyectar su padecer en ti.

¿Qué sufrimiento? El sufrimiento de no creerse merecedor de Amor, de sentirse desvalido, insuficiente, ansiando, tras búsquedas ilusorias de cuestiones que no tienen valor, algo que lo haga sentir querido, importante, apreciado. ¡Pura ignorancia, pura necedad!

Por eso no cualquiera puede ser un canal; antes hay que haberse vaciado de toda vanidad, de todo ego, sabiéndose uno más, sabiéndose igual a los otros, formando parte del Todo. Sabiéndose... nada especial.

Separación

Las separaciones siempre son difíciles. Pero primero debo decirte que separarse es imposible: el Ser y su esencia están unidos eternamente, las que se separan son las personalidades.

Ese dolor que sientes por haberte separado de alguien con quien mantenías un vínculo, tiene que ver con tu apego a las sensaciones, en este caso a las que están más relacionadas con la adrenalina que generan las pasiones.

Una de las características que muestran los vínculos puramente pasionales es ese ir y venir, donde aparecen un perseguidor y un perseguido, que pueden llegar a intercambiar esos roles. Las complicaciones permanentes en una relación generan sensaciones intensas, y terminan siendo, más allá del padecimiento, suficiente motivo para convertirlas en atractivas, en entretenidas.

Es ese dulce sabor que, por más que haga mal, termina gustando.

Por supuesto que las relaciones traen complicaciones, pero de ti depende poder discriminar, darte cuenta si son complicaciones que ayudan a trascender desde el Amor, afianzando y consolidando el vínculo, o son complicaciones que destruyen y aplacan, y que generan un padecimiento que aleja la posibilidad de unión.

De ti depende la elección.

Necesidad

Sientes angustia porque crees en la *necesidad*, porque crees que necesitas que te amen, que te elijan, que te quieran.

Si en algún tipo de vínculo se genera distanciamiento, te olvidas de que, de alguna manera, los otros se pierden la maravillosa posibilidad de experimentar el Amor a través de ti. Se pierden la extraordinaria posibilidad de sentirse amados por tu inmenso corazón.

Siempre que te sientas triste, recuerda que ellos se lo perdieron.

También recuerda que cada vez que surja el temor, será fruto de creerte necesitado, carente o en falta. Cada vez que aparezca la sensación de rechazo, recuerda que es tu ego herido quien se siente rechazado y excluido. En cambio, si vibras en el Amor, si sientes cómo palpita esa maravillosa energía muy dentro de ti, sabrás lo siguiente:

- que tú eres el Amor;
- que no necesitas que te den lo que ya eres;
- que nunca nadie te deja porque nunca nadie te tiene;
- que nada necesitas;
- que Todo lo eres;
- que la elección más elevada de tu alma es dar el Amor que eres, es darte a los demás, a todo aquel que pueda recibirlo.

Conéctate siempre con el Amor que eres, solo así reconocerás tu *invulnerabilidad*.

Nada verdadero puede ser derribado.

Nada que vibre en el Amor puede ser destruido o amenazado.

La luz jamás es tapada por ninguna oscuridad.

Todo aquello que aparenta serlo (lo oscuro, el dolor, las heridas) es solo una ilusión, una creación fantasmática de la desconexión con el Amor.

¿Vibras en el Amor?

No hay temor.

¿Te sientes Amor?

Entonces te sabes invulnerable.

¿Sabes y reconoces el juego de las ilusiones?

No creerás en cualquier situación que irrumpa y que parezca amenazante.

Y recuerda siempre: ama, ama con toda tu alma y con todo tu corazón.

Te amo, ¿lo sabías?

Piensa bien una cosa

Nada pasa por casualidad. Absolutamente nada.

Todo responde a un Plan Perfecto.

¿De qué tienes miedo? ¿Por qué huyes?

Piensa bien una cosa: un guerrero no abandona lo que ama.

Ser especial

Nadie es especial por entrar en contacto con lo Divino.

Estos son tiempos muy importantes, en los que es necesario para nuestro planeta que todos sean instrumentos de la Creación, que todos puedan ser canales para elevar la vibración de energía y así contribuir a la evolución. De allí que todos sean instrumentos y reciban tanto señales como mensajes, a cada momento.

La diferencia está en qué hace cada uno con eso.

Que alguien escuche o no mi voz, que alguien tenga una mayor percepción o pueda aprehender otras realidades, no lo hace ni mejor ni peor. Simplemente tendrá una responsabilidad mayor, es decir, deberá responder ante eso.

¿Qué hace frente a ello? ¿Lo cuenta?, ¿se jacta de lo que vio o escuchó?, ¿lo subestima?, ¿lo cuestiona?, ¿lo agradece?

Es probable que, en principio, se lo cuestione, como todo lo nuevo, como todo lo diferente. Luego entenderá que tanto la imaginación, las voces de los demás, los sueños y todo tipo de señales son formas en que se manifiesta lo Divino, son maneras de materializarse la ayuda que acompaña en la evolución.

Después, cuando se reconoce el propósito y la manera de *leer*, *escuchar* e *interpretar* estos mensajes, se sabe que son los canales que tiene lo Divino para ser escuchado. Todo tiene un propósito, hasta lo que parece más insignificante puede ser una señal, ya sea de algo que debe ser interpretado en el momento, o de algo que luego se resignificará y cobrará un nuevo sentido.

No debes creerte diferente a los demás, el único que cree serlo es tu ego y eso solo provocará separación, espejismos ilusorios de distancia y profunda desdicha.

Creerse especial, diferente, traerá aparejado, primero, una especie de orgullo espiritual, lo cual es en sí contradictorio porque el espíritu carece de orgullo.

Y el sentirse diferente traerá más vacío y soledad, por no encontrar gente afín, por sentirse incomprendido y aislado.

El espíritu debe estar en completa consonancia y armonía con la totalidad del Ser, con lo físico, con lo mental y con lo emocional, así de simple y así de complejo a la vez.

Recuérdate siempre siendo parte de la Totalidad y, a la vez, siendo la Totalidad.

Recuérdate siempre desde tu propia individualidad y siendo el Todo de la Creación.

Y recuerda, siempre recuerda, que cada vez que intentes marcar diferencias, lo que harás es darle de comer al ambicioso ego que, por sentirse menos, te pedirá más y más... Entonces, te generará espejismos multicolores donde desfilarán las ilusiones del ego por creerse mejor, especial, diferente, superior. ¡Pobrecito, pobre ego, si supiera!

Avísale que no es por ahí.

Gracias.

El espejo de las relaciones

Todas las relaciones, todos los vínculos, son oportunidades para verse reflejado, ya sea en aquello que se desea ser, o en aquello que no se quiere ser. Estos mecanismos son inherentes al ser humano.

Lo difícil de las relaciones es que estos mecanismos son casi siempre inconscientes. La mayoría de las personas reconoce estos mecanismos, pero no así el individuo que, por no poder expresarse, lo proyecta en los demás.

Esta Verdad es una manera común que tiene el ser para relacionarse con los otros. De allí tanto enojo, tanta confrontación en los vínculos.

Y cuanto más cercano el vínculo, mayor el riesgo de que esto ocurra, por la sencilla razón de que si el otro es o tiene lo que la persona desea ser y tener, esto genera deseo o aversión.

Entonces, ¿cómo transformar las relaciones? ¿Son casuales los encuentros? ¿Tendrá un sentido cada encuentro y cada desencuentro? ¿Qué dice del propio Ser? ¿Cómo leer en el mapa de las relaciones la propia historia, el propio camino? ¿Se trata de tener o de llegar a Ser?

Como recordarás, nada pasa por casualidad, todo responde a un plan perfectamente diseñado, todo tiene un sentido y una causa que genera consecuencias. Cada persona es atraída a tu vida por ti.

Así es como cada persona es atraída por tu alma para ayudarte a experimentar aquella parte de tu Ser que necesitas explorar para evolucionar.

Aquella parte de tu Ser que necesita ser puesta al descubierto para que la veas y la percibas en toda su dimensión. Podrá suceder que lo veas o no en ti, o que te pases la vida señalándolo en los otros.

Por supuesto que el otro deberá tener ciertas características, ciertas cualidades que serán necesarias para activar las propias.

Pero no se trata aquí de entrar en discusión, ni de buscar neciamente culpables o inocentes. Se trata de ver cómo, en el juego de las relaciones, se manifiesta el juego de espejos y espejismos.

Es decir, el otro podrá aparecer, y cual espejo reflejará algo de tu Ser.

Eres tú, desde la total libertad, quien elige ver allí un espejo y apropiarte de lo que te corresponde o ver puro espejismo, señalando todo el tiempo a los demás. Ese dedo apuntador disparará incesantemente ira, enojo, resentimiento. Y aunque en el mejor de los casos lo que señales sean cualidades que deseas para ti, también el deseo puede transformarse en envidia (y no de la *buena*, como a veces se quiere justificar). La envidia siempre trae recelo, competencia y rivalidad.

Existe una regla simple, pero eficaz: si miras para afuera, no miras para adentro.

Cuanto más te detengas a señalar y criticar a los demás, menos podrás ver quién estás siendo en este momento en tu vida. Sé un verdadero observador en todo momento, mira, escucha, contémplalo todo, absolutamente todo.

El arte de la contemplación es justamente lo contrario a criticar o a emitir juicios de valor:

- esto es bueno, aquello es malo;
- esto me gusta, lo otro no;

- esto está bien, aquello está mal;
- lo lindo, lo feo; lo agradable, lo desagradable.

¿Quién lo dice? ¿Quién puede aseverar con total certeza lo que se aprueba o lo que se rechaza?

Es lamentable ver al ser humano enmarañado en sus propias elucubraciones sobre juzgamientos constantes de la realidad. Juego enloquecedor donde todos pasan a ser jueces y verdugos de la vida de los otros, mientras se lavan las manos para des-responsabilizarse de la propia. No hacerse cargo parecería ser el mal de muchos. Y digo *mal* no como un juicio de valor, sino como ese malestar que padece el hombre.

El querido ego siempre se entromete y no se hace cargo de todos sus actos, ignorando que toda palabra, toda acción, siempre tiene consecuencias, directa o indirectamente, en los demás. Consecuencias que indefectiblemente volverán, no porque la realidad sea vengativa o maliciosa –la vida no se dedica a eso–, sino porque los actos cuya energía es negativa provocan consecuencias afines a tal conducta.

No importa de dónde venga la reacción, pueden ser los otros, el mundo externo o el propio cuerpo quien reaccione. Si te enojas con alguien y te pones a discutir, la primera persona que experimentará toda esa vibración de energía displacentera eres tú. Será tu propio cuerpo el que, con el fin de mantener el equilibrio, la famosa homeostasis, se defenderá y utilizará la proyección como forma de descarga para aliviar el malestar. Claro que no es esta la única manera de contrarrestar dicho mecanismo, pero es la más utilizada por todos. Proyección, pura proyección inconsciente.

Por eso lleva siempre un paño seco para limpiar ese espejo *empañado*, donde te puedas mirar con total claridad.

Si lo ves desde un lugar amoroso, observarás que esto que sucede no es para hacerte mal; no se trata de vivir una vida a puro sufrimiento, sino todo lo contrario.

Cuando aprendes que nada, absolutamente nada, pasa por casualidad y que todo es atraído para ayudarte a evolucionar, descubres, a su vez, que es una contribución en tu vida, entonces lo vives como una bendición y lo agradeces.

Solo agradeciendo te conectas con tu humildad, con tu propia generosidad y con el Amor en su versión más elevada.

¡Quién pudiera agradecer aquello que viene disfrazado de dolor y que trae aparejada desdicha!

Solo así descubrirás el tesoro encubierto tras estas experiencias.

Todo depende del enfoque de tus pensamientos.

El sufrimiento es un error del pensamiento.

Si miras todo el tiempo a los otros como *los malos de la película*, tú pasarás a ser inmediatamente la pobre víctima en cada situación.

Esto generará todo un listado de sentimientos desagradables, que a su vez acrecentarán más y más pensamientos negativos, que terminarán justificando semejante experiencia de dolor.

Muchas son las causas por las cuales una persona puede explicarse asociativamente por qué vive ciertas experiencias y no otras.

Esto dependerá, entre otras cuestiones, de su historia de vida, de su familia de origen, de su cultura y de todo cuanto haya vivido en su pasado (en especial en aquellos años donde se formaron las bases de su personalidad). Y si bien este puede ser un camino alternativo para entender racionalmente la situación, si te quedas ahí, tratando de responder a todos los porqués, solamente encontrarás culpables, personajes malvados de tu historia infantil, que maltrataron, que lastimaron y dejaron marcas, que luego se convirtieron en huellas que fueron testigos de aquel dolor.

Tratar de ver el Todo es analizar cada una de las partes. Sin duda, no será lo mismo la vida de una persona que haya sido abandonada de niño que la de alguien que haya sido tratado entre algodones. Sin embargo, habrán sido las experiencias personales las que forjaron las bases para que alguien elija vivir su vida en las profundidades del Ser o solo en su superficie.

Fíjate que muchos investigadores y personalidades de la historia de distintas disciplinas, tuvieron una infancia difícil, y tuvieron que encontrar otros recursos para poder sobrellevar situaciones muy delicadas.

Cada alma elige las condiciones que necesitará para encarnar y poder experimentar aquí en la Tierra su propósito Divino.

Claro que será el libre albedrío el que se manifieste a cada paso, en cada acción, pero no es de mejor o peor suerte que una persona nazca en tal o cual lugar. Nunca se sabe cuáles son los propósitos más elevados del alma, y nunca se sabe de antemano si aquello que hoy representa una bendición, mañana no se transformará en un desafío para trascender desde la materia, o viceversa.

Por eso, buena suerte, mala suerte... ¿Quién sabe?

No midas con la vara del juzgamiento terrenal. Elévate siempre desde tu Ser eterno y vibrarás desde tus alas en un nivel celestial.

¿Te has parado a pensar que, en vez de ser humanos que tratan de evolucionar hacia lo Divino, podríais ser ángeles jugando a ser humanos? Habría un cambio en la dirección de tu mirada, ¿no? Cómo se resignificaría todo, ¿verdad?

Sería maravillosa la posibilidad de ver lo más elevado y lo más puro que hay detrás de todas las fachadas y máscaras humanas, detrás de todo envoltorio terrenal. Apartarse y ver sus alas, esas alas que muy sutilmente despliega cada ser humano al caminar.

De allí que algunos podrían elevarse y volar cada vez más y más...

Esto sería una estupenda posibilidad de ver la trascendencia en cada persona, y más extraordinario aún sería ver la trascendencia en todo, absolutamente todo lo existente.

Si pudieras ver a Dios en cada cosa, ¿cómo sería?

Si pudieras ver a Dios en el aire, en el agua, en el fuego...

Si me pudieras ver en los objetos, en el dinero...

Si pudieras verme en aquel abrazo afectuoso o en aquella herida de dolor...

Si pudieras... si pudieras...

Al trascender la imagen, lo efímero, lo superfluo, accederías a esa *otra realidad*, siempre latente, siempre esperando para materializarse, cada vez con una mayor Verdad.

¿Qué es en definitiva lo eterno? ¿Qué hay de aquello que dice: «nada se pierde, todo se transforma»?

Energía, todo es energía, todo es energía Divina.

¿Lo crees, lo puedes ver? ¿Lo puedes, aunque sea, suponer, ponerlo a prueba? Inténtalo, por lo menos por un día, por una hora, por un instante. Inténtalo y descubrirás la belleza que existe en todas las cosas. Te convertirás, sin darte cuenta, en un

ser lleno de compasión y de un gran entendimiento, un entendimiento ya no desde la razón que intenta explicar y justificarlo
todo, sino desde ese entender que abarca y abraza la existencia,
reconociendo en todos los cuerpos la unidad del Uno, la Verdad
Universal de la Creación.

Si pudieras, tan solo si pudieras…

Prueba. Prueba y verás. Y verás con los ojos del alma que,
sin duda, te mostrarán la única realidad.

Si supieras, si tan solo supieras…

¿Lo intentarás?

Sé que sí.

Sincronicidad

Todo responde a un Plan Perfecto, recuérdalo siempre.

Nada sucede por casualidad, ya sea que estés experimentando placer o displacer, ambas experiencias responden a la sincronización con el plan diseñado por tu alma.

Recuerda, además, que el placer y el displacer son fachadas, señuelos ilusorios donde se esconde la Verdad. Las emociones son realidades fugaces, lo inestable del ser terrenal.

Pero gracias a esa puerta, las sensaciones conducen al sentimiento, ese sentir que es puro, permanente y que una vez alcanzado se vive como un estado del Ser eterno.

Cuando digo *eterno* no me refiero a un no-fin, sino a un *no-tiempo*, que se vive más allá del tiempo, que no responde a una cuestión de pasado o de futuro.

«Ayer fui feliz». «Mañana seré feliz».

«Ayer sentí Amor». «Mañana sentiré Amor». «Cuando sienta Amor...».

Se es feliz por ser Amor, por vivir en el Amor, por vibrar esa energía sutil y Divina llamada Amor, que se siente en el cuerpo, que comienza a vibrar sutilmente en todos y cada uno de los átomos que conforman ese ser corpóreo. Para recorrer así todos y cada uno de los otros cuerpos más sutiles y etéreos que conforman la Unidad.

¿Qué Unidad?

La de Ser Uno con Dios, la de Ser Uno con todo lo Creado, la de Ser una única realidad, total y absoluta, que encierra la Verdad.

¿Qué Verdad?

La Verdad que habla de Amor, la única Gran Verdad.

Aquí estamos una vez más

Deja de pensar desde la mente racional y contémplate sintiendo a través de tu respiración.

Respira lenta y profundamente. Respira lenta y suavemente.

Es en esa suavidad donde el latir de tu corazón se conectará con la vibración de tu alma. Ya que es ella la que sabe, la que contiene todas las respuestas, todos los caminos, toda tu historia, todo el saber de la historia.

Sabiduría aprendida desde todos los planos de la existencia.

¿Qué más quieres saber? ¿Qué más podrías preguntar?

Escucha escuchándote. Contempla contemplándote.

No te aturdas pensándote desde la conversación racional que planea y se dedica a especular, a suponer, a repensar lo pensado, una y otra vez. Poderosa maquinita de elucubraciones que todo lo cree saber, que todo lo cree suponer. ¡Pobre maquinita debilitada por la duda!

Todo el tiempo se pregunta qué hacer, cómo hacerlo, todo el tiempo se pregunta sin parar. Déjala hablar, no la frenes, pues si no ejercerás una fuerza en sentido contrario, que provocará más resistencia.

Recuerda lo siguiente: a lo que te resistes, persiste.

Se creará, entonces, una guerra de poder entre ambas fuerzas contrarias. Guerra en la que se definirá quién puede más.

Pero ¿te paraste a pensar alguna vez de qué poder se trata? ¿De poder qué?, ¿a quién?, ¿para qué?

Juego de poderes ilusorios donde el poder mismo es puesto a prueba. Donde ya en el descreimiento existe una falsedad.

Es ese juego de poder que se ejerce con la propia persona y con los demás.

¿Te has preguntado alguna vez, al desafiarte a ti mismo, para qué y por qué necesitas poner a prueba tu poder?

Con el solo hecho de desafiarte, supones la existencia simultánea de varias personalidades dentro de ti, de varios yoes que conviven.

Si no, ¿frente a quién o quiénes se produciría la lucha de poder? ¡Ni hablar cuando participan los de afuera!

En el loco juego del poder se manifiestan una mentira y una verdad. La mentira es creer que alguien puede más que otro o que puede sobre los otros. Pero también es un engaño creer que se puede sobre sí mismo, cuando se plantean desafíos sobre la propia persona y se hacen desde la autoimposición, poniendo en duda la propia fortaleza interior.

La verdad es que existe un poder interior, tan grande y tan fuerte, que es capaz de todo, de absolutamente todo lo que te propongas, hasta aquello que te pueda resultar imposible de pensar.

Mira cuántos ejemplos hay en la vida, en los que mucha gente ha realizado logros extraordinarios.

La superación es importante para el ser humano, esto le hace evolucionar cada vez más. El problema se plantea cuando quiere superar a otros o cuando quiere superarse a sí mismo desde el ego.

Desafíos, puros desafíos de vanidad.

Y esto, lejos de convertirlo en vencedor, termina dejándolo vencido por el sabor de la insatisfacción inconsciente de saber que, gracias a sus minutos de euforia, otro está siendo desdichado. Y ni hablar cuando el desdichado es él por haber sido supuestamente derrotado.

Así emprenderá nuevamente otro desafío, más alto, más grande, para demostrar cuán inmenso es su poder. ¡Pobre ego, tan inseguro ha de estar de sí mismo que necesita demostrarse que puede!

Desafíos, puros desafíos de vanidad.

Sacando y poniendo

Cuando tomas una fuerte determinación para tu vida debes llevarla a la práctica en el aquí y ahora.

Recuerda el siguiente consejo: todo cambio que quieras realizar debes hacerlo sacando y poniendo. Es decir, aquello que quieras dejar (un hábito, por ejemplo), debes reemplazarlo por otro. No hagas promesas sobre lo que vas a hacer con vistas a un futuro; empieza ahora, empieza ya.

Luego, con la constancia y la repetición, se transformará en un nuevo hábito, que formará parte de tu vida sin la necesidad de imponértelo como una obligación.

Supón que deseas cambiar un hábito alimentario, comer más sano, alimentarte mejor. Si dejas de ingerir algún alimento que acostumbrabas a comer o abandonas determinada costumbre y no lo sustituyes por nada, reaccionarás como si fueras un niño: pataleando, chillando y renegando por lo que ya no está.

Cambia el hábito por uno más saludable y, aunque no sea el ideal, empezarás a dar los primeros pasos hasta el punto al que hayas elegido llegar.

No te vayas de un extremo a otro. Recuerda siempre que «los extremos se juntan», por eso ten cuidado de no terminar uniéndolos en un intento fallido de saltar de una punta a la otra, impulsado por una pretensión desmedida.

Y por favor, ten en cuenta que todo cambio que decidas hacer en tu vida deberás hacerlo siempre con Amor, tratándote dulcemente, con cuidado y comprensión.

Recuerda siempre quién eres en verdad y ten en cuenta todo tu potencial. Tu esencia es perfecta, es grandiosa y no necesita absolutamente de nada, solo debe *ser*.

Y es en este *ser* donde su naturaleza se manifiesta como perfección, como energía de Amor, puro Amor.

¿Entiendes esto? ¿Puedes verlo?

¿Por qué cuando deseas mejorar o cambiar algo te retas y te castigas, y luego te sientes desdichado?

Así terminas convirtiéndote en tu propio enemigo, en tu propio carcelero. Entonces surgen los conflictos, los fantasmas y enemigos internos, que al no ser resueltos, se proyectan hacia los demás. Y los otros pasan a ser excusas perfectas para seguir sintiéndote una infortunada víctima del mundo, sufriendo y sufriendo sin cesar.

Ríete de ti mismo, date permiso para evolucionar, avanzando en el camino que te lleva a realizar tu propósito Divino.

Relájate contemplándote como absoluta Creación del Universo.

Mírate sin juzgar: ¿hay algo que ya no quieres para tu vida?

¡Qué bueno es llegar a descubrirlo!

¿Estás dispuesto a determinar lo que sí quieres a partir de ahora?

Háblate dulcemente, comprende que estás aquí para avanzar, experimenta desde tus luces y tus sombras, evalúa tus logros y lo que quieras todavía lograr.

¿Cómo puedes conocer la luz si no conoces la oscuridad?

¿Cómo puedes conocer el Amor si primero no descubres lo que no es Amor?

Cualquier cosa que elijas experimentar para llegar a conocer la Verdad, (consciente o inconscientemente) será un inicio que te llevará, sin duda, al camino de la polaridad.

Cuando elijas algo, sé consciente que, como parte del proceso, te conectarás con su opuesto para tener total claridad de lo que en verdad estás eligiendo. De lo contrario, no habrá sido una verdadera elección, sino una forma de tomar *lo que venga*, una manera de transitar, que no es lo mismo que vivir.

No confundas el fluir, el dejarte llevar, el ser guiado por tu alma, con des-responsabilizarte de tu propia vida, eligiendo no elegir o eligiendo transitar sin saber (ni querer saber) en qué consiste el motivo de tu existencia en este mundo.

Tú eliges, minuto a minuto, tu propia realidad.

Añoranza

¿Sientes añoranza, sientes que extrañas algo o a alguien? ¿Y cuál es el problema? Es lógico que si algo o alguien te han hecho sentir bien en su momento, al recordarlo, al pensarlo, te genere ganas de experimentarlo nuevamente. Pero recuerda una cosa: no es al otro a quien se añora, sino lo que el otro activó en ti, las sensaciones que has experimentado al compartir los momentos junto al otro...

Por supuesto que ese otro tuvo que ver en el asunto, formó parte, ya que gracias a que estaba allí presente, por sus cualidades y sus características, activó y estimuló en tu ser aquello que hoy añoras. Pero si pones el acento en aquello que es tuyo, que forma parte de ti y te pertenece, aquello que generó en tu ser y fue la consecuencia de compartir esos momentos, cambiará radicalmente tu postura frente al recuerdo. Agradecerás, agradecerás por lo que ese momento trajo a tu vida. Agradecerás por lo que te permitió manifestar de ti; por lo que, gracias a ese encuentro, pudiste manifestar de tu esencia. Agradecerás y recrearás en el presente, en tu aquí y ahora, todo lo vivido. Y pasará a formar parte de ti, ya no como efímeras sensaciones que aparecen y desaparecen, sino como un sentir, como permanencia absoluta de quien ya eres, y que gracias a esas circunstancias se pudo materializar en la realidad.

Agradecerás agradeciendo y sentirás la plenitud corporizada en la carne. Será la presencia, y no la ausencia, la que formará parte de semejante acto. Sentirás ya no el vacío que genera añoranza, sino la abundancia del Universo al contemplar, una vez más, cuán maravillosos regalos trae a tu vida en nombre del Amor.

Escúchame, pregúntate, respóndeme

¿Confías en Mí? Entonces ¿por qué te exiges y te impones lo que no va con tu naturaleza? ¿Por qué eliges desde el padecimiento y desde el dolor? ¿Por qué buscas desde el vacío?

¡Confía en los pequeños pasitos y no en los saltos que te llevarían a la luna! Si hasta allí no quieres ir, ¿o sí?

Confía en tu cuerpo, registra lo que siente.

Confía. Empieza desde ahora. No necesitas probarte si eres o no capaz, no hagas caso a tu ego que busca desafiarte en todo momento, sigue ahora, ahora, ahora.

Lo que pasó hace un minuto, déjalo atrás, para siempre... atrás.

Ríete de ti mismo, no te tomes tan en serio, juega contigo.

No hagas planes para el mañana, prometiéndote ser otro al cambiar aquello que quisieras modificar o al alcanzar lo imaginado.

Es ahora, ahora... Es hoy, ahora, y nada más.

Agradece y celebra cada situación como aprendizaje y experimentación.

Quiérete, mímate... Recuerda que si no te eliges, no me estás eligiendo. Si no te amas y no te respetas, no estarás amando ni respetando la Divinidad que existe dentro de ti.

Mírate y mírame. Mírame y obsérvate en Mí.

Tú y Yo somos Uno, recuérdalo...

Escúchame escuchándote.

Ámame amándote.

Y ámate amándome.

Unidad

En cualquier momento y lugar que elijas, puedes encontrarte en la Unidad, y desde allí sentir la común-unión con tu espíritu.

No importará la forma, la manera en la que todo se logre, solo será en un incesante fluir y avanzar según lo establecido.

Avanza progresando en el desarrollo de tu camino.

Solo así avanzarás, renunciando a los caprichos de tu ego.

Solo así descubrirás el verdadero disfrute de la vida, el verdadero placer celestial.

En el andar y a cada paso encontrarás tu Verdad, aquella que conecta tu alma, cuerpo y mente, con tu Espíritu, y así se conformará la totalidad del Uno con la Unidad del Universo.

Sabrás, a cada paso sabrás, cómo y por dónde continuar.

Sabrás, a cada paso sabrás, el verdadero sentido de tu existir.

Y recuerda, siempre recuerda esto: el camino del encuentro es el camino del renunciamiento. El camino de la entrega es donde, al encontrarnos, descubrimos que siempre hemos estado juntos. Que la separación fue una ilusión, producto del loco juego de la mente, resultado del temor humano de creer en la muerte, por estar distanciados de lo que eres en esencia: la propia Divinidad...

De la parte al todo

A la hora de tomar decisiones, lo más importante es desde dónde decides, qué parte de tu ser se pone en juego en esa tarea. Lo ideal es que sea todo tu ser y no solo una parte, ya que será esa la garantía de poder vivir tu vida más plenamente, abarcándolo todo, fundiéndote en cada acto, en cada momento, paso a paso.

Ser Uno con el Todo debe constituir una real y absoluta posibilidad frente a todo cuanto hagas, a cada momento y en cada lugar. No puedes ir por partes en la vida, es imposible la división, la separación. A lo sumo podrás estar desconectado de la Totalidad y no percatarte de que existe.

Mas cuando te descubras en todas tus partes, en todas tus facetas, desmenuzando toda tu verdadera realidad, todos y cada uno de tus cuerpos —físico, mental y espiritual—, descubrirás tu verdadera existencia, descubrirás la plenitud de tu ser.

Al principio, como corresponde, lo harás por partes. No se puede ir al Todo, sino es por cada una de sus partes.

De la parte al todo, y del todo a la Totalidad. A la Totalidad absoluta del Uno. Saboreando cada parte descubrirás la plenitud del Todo.

Ponlo a prueba, experiméntalo en cualquier cosa que hagas. Imagínate comiendo, durmiendo, trabajando, haciendo el amor, pintando, escribiendo, lo que sea que en este momento estés haciendo. Y si estás haciendo *no hacer*, si no hay acción desde el cuerpo, contempla desde esta nueva realidad.

Escucha, detente, frena lo que estás haciendo por un instante y congélate, como los dibujitos animados. Sé un dibujo animado de tu propia Creación. Y en ese estar *congelado*, muévete como si fueras el espectador de tu propia obra.

Y observa... Observa minuciosamente cada detalle.

¿Qué estás haciendo? ¿Están tus pensamientos suspendidos, entregados absolutamente a la tarea que estás realizando? ¿O estás con tu cuerpo en un lado y con tu mente en otro lugar?

¿Disociado? ¡Qué pena!

Una parte de ti se está perdiendo vivir la única realidad.

¿Qué realidad? La del presente, ese regalo maravilloso que pocos aceptan por no saber qué hacer con él. La del aquí y ahora, el único momento y el único lugar donde puedes estar.

Ojalá sea esa tu morada. Ese es el lugar donde tendrás la certeza y me encontrarás. Te espero...

Habla conmigo

Deja de buscar confesores bienintencionados.

Habla Conmigo... Habla con Dios...

¿Para qué buscas caminos alternativos si el camino es directo y sin vueltas?

¿Para qué vas de «A» a «B» y de «B» a «C», si puedes ir de «A» a «C» directamente?

Habla Conmigo... Habla con Dios...

Silénciate al hacerlo. Búscame en ese silencio maravilloso que se genera al acallar tu mente del bullicio del mundo externo.

Deja de buscar en tus pares aprobación, reconocimiento, amparo, consuelo, saber.

Deja... Renuncia... Entrégate a mis brazos. Aquí estoy para abrazarte, para contener tu dolor, para que desaparezca al instante en que sientas mi inmenso y gran Amor, ¿lo sientes?

Te amo, ¿lo sabías?

El camino que te lleva a Mí es directo.

¡Cuántos recursos utiliza el hombre adormecido y anestesiado de su verdad! No está ni bien ni mal que el ser humano me busque por donde sea y como sea, ya que Soy y estoy en todo lo que es y no es al mismo tiempo.

¿Deseas convertir una piedra en un objeto de poder que al tocarlo te dé fuerzas?

¿Buscas, a través de él, conectarte con tu propia divinidad?

Que así sea y así será.

¿Acaso dudas de que no esté allí? Yo Soy esa piedra, ese poder y esa Divinidad.

El problema que se le presenta al ser humano es que nada le alcanza.

Al centrar la energía de poder en un objeto, es como si una parte suya le dijera: «¡¿Una piedra tu poder?!, ¡qué ridículo! ¿No te parece poco? Una simple piedra no alcanza, busca otras y así tendrás más y más poder».

¡Y qué decir si se le llegara a perder su piedra *superpoderosa*!

El ser humano, empecinado en su búsqueda incesante en medio del bullicio de la cotidianeidad, en medio del ruido, del caos, de la locura de la gran ciudad, se pierde... se pierde cada vez más.

¿Desencontrándose pretende encontrarme?

¡Cuánta locura, cuánta necedad! Total incoherencia.

Nada puede ser encontrado en el desencuentro del ser, el desencuentro generará, inevitablemente, más desencuentro.

El ser humano, cada vez más desorientado, seguirá buscando fallidamente, creyendo encima que ha emprendido un camino espiritual y de sabiduría existencial.

Hay una única manera de saber si es ese un camino o no. ¿Eres feliz? Dime, ¿sientes paz? Cuéntame, ¿has llorado de felicidad?

Si la duda te habita, si la ansiedad te hace sentir que no tienes suficiente tiempo o dinero, que te falta algo, que no puedes, que perdiste, entonces estás en el camino incorrecto, el cual pasa a ser correcto cuando descubres el error. Recién ahí te darás cuenta de que ha sido necesario semejante desengaño para descubrir que no era por allí.

Por eso, búscame: habla Conmigo, habla con Dios.

Aquí estoy... esperándote.

Yo estoy siempre a tu lado

Yo estoy siempre a tu lado, recuérdalo bien, siempre.

¿Me sientes?, ¿sientes mi presencia en ti?, ¿sientes mi mirada?

¿Y mi abrazo contenido en el silencio de tu habitación?

¿Puedes escucharme, puedes verme con los ojos del Amor?

¿Qué quieres, qué sientes, qué necesitas hoy?

Pídemelo con todo tu corazón.

¿Has visto cómo el Universo responde a tus peticiones?

Cuando esas peticiones son sinceras, cargadas de verdad, irrumpen para complacerte y ayudarte a avanzar.

Aquí estoy, a tu lado.

Escúchame, siénteme, ¿qué quieres hoy?

¿Y ahora?, ¿y ahora?

Ríete por estar junto a Mí, festeja hoy tu nueva elección.

¿Qué más, qué otra cosa necesitas para continuar?

Contémplate desde tu propia soledad. Allí te encontrarás, desde lo más profundo de tu Ser.

Y al haber alcanzado tu propia compañía, sentirás tal estado de completitud que solo querrás dar, dar y dar a cada paso, en cada momento y a quien esté cerca de ti.

No importará qué o quién sea el otro.

Confiarás... Confiarás una vez más en la ley de afinidad.

Si hoy eliges experimentar el Amor dando Amor, siendo Amor, vibrando en la energía del Amor, ¿qué más puedes atraer sino Amor?

¿Existe alguna otra posibilidad?

¿Existe alguna oscuridad que se acerque inmune al Amor?

¿Existe alguna mentira que no sea develada frente a la luz de la Verdad?

¿Existe alguna ilusión que no quede totalmente al descubierto y se desvanezca frente a la absoluta realidad?

¿Existe algo más poderoso y, a la vez, más sutil que el Amor?

Si, y solo si, reconoces tu absoluta completitud, lo encontrarás.

Si, y solo si, abrazas tu completitud y así reconoces el vacío que en el habita, la encontrarás.

Para que la completitud sea completa deberá contener lo incompleto.

Para que la perfección sea perfecta deberá contener lo imperfecto.

Para que el Todo sea en su totalidad deberá contener las partes, lo parcial.

Para que la luz sea luz habrá contenido en su seno la oscuridad.

El Amor, al dolor.

La alegría, a la tristeza.

La risa, al llanto.

La compañía, a la propia soledad.

El todo, al Uno y el Uno, a la unidad.

No puede ser de otra manera, no puede ser al revés.

¿Por qué? Porque si has descubierto la alegría, la elegirás por sobre todas las cosas, aun en la añoranza, aun en el recuerdo, aun en el deseo de repetición. Porque si reconoces el Amor, ya no elegirás el dolor; aunque al elegir el Amor todavía lo busques, avanzarás en su encuentro y te alejarás de su opuesto. Porque si has sentido la energía del poder de la luz, si has experimentado la vibración de la energía más luminosa que se llama Amor, habría que ser muy necio para elegir su contrario, ¿no lo crees?

¿Y qué decir de reconocer en ti la perfección?

Ya no podrás ver la mitad del vaso vacío.

Reconocerás, en lo aparentemente opuesto, la Perfección de Dios, la absoluta y maravillosa Perfección de la Creación.

Y como parte de la Creación, la Perfección te pertenece.

Entonces dime, ¿qué necesitas si todo lo eres?

¿Qué necesitas si todo lo estás siendo a cada paso y en cada momento?

Dime, ¿qué te falta, qué anhelas, qué crees necesitar?

Imagina, fantasea, sueña para desilusionarte y así reconocerás la Verdad.

¿Qué Verdad?

La Verdad que yace en ti.

La Verdad que habla de Mí.

La Verdad que se hace carne a través de tu cuerpo.

La Verdad que, al pertenecerme, Yo te doy.

La Verdad que enaltece el alma y engrandece el espíritu.

La Verdad, la Verdad, la Verdad.

La Verdad por sobre todas las cosas.

La Verdad ante todo y frente a todo.

La Verdad en ti.

Dime, hijo querido

¿Me escuchas, me puedes oír?

¿Cómo quieres que sea, cómo imaginas mi Ser Dios Humano?

¿Puedes ver en tu hermano la propia Divinidad que habla de Mí?

¿Puedes ver en cada objeto al Creador?

¿Puedes verme? ¿Puedes?

Recuerda: No estás solo, nunca lo estás.

Es algo que sabes y que solo necesitas recordar. Al aquietar tu loca cabecita llena de preocupaciones, lo lograrás.

Sabes que es absoluta y plena realidad.

Realidad de Dios hecha materia.

Realidad de la presencia Divina en tu ser humano.

Realidad de aquella energía sutil que habla de Amor, puro Amor.

¿Lo crees? ¿Lo puedes manifestar?

¿Qué quieres, qué sientes, qué piensas?

Ahora... Ahora... Ahora.

No llores, ni hagas que llore por ti. Aunque esto sea imposible, ya que no puedo sentir pena de mi propia Creación, es la gran compasión que surge a través de la contemplación de tu existencia.

Ríe en Mí, sé en Mí, vive por Mí y para Mí.

¿Puedes hacerlo? ¿Crees que debes, crees que puedes crear?

¿Qué eliges?

Elige de nuevo. Elige ya.

Habla con Dios

Podrás hacerlo en cualquier momento y en cualquier lugar.

En la cama, mientras comes, frente a alguien o en medio de la naturaleza.

El mensaje es más que claro: Habla con Dios.

Y «habla con Dios» significa, ni más ni menos, ¡que hables Conmigo!

No dice: «habla con Dios de tal o cual manera», o «pórtate bien para poder hablar con Dios», o «haz buena letra», o…

No existe impedimento para semejante acto, tan simple y tan sencillo como hablar Conmigo, sin teléfonos, sin Internet, sin intermediarios ni mensajeros.

Cara a cara, frente a frente, en vivo y en directo.

Puedes hablarme, y lo maravilloso de todo es que puedes escucharme.

Es cierto que es más común que todos me hablen, me pidan, me rueguen, me imploren, me supliquen, pero nadie se queda unos segundos ni siquiera para escuchar mi voz. Ni se les ocurre que tenga algo que decirles, que puedo hablar de muchas maneras.

Ahora, fíjate qué curioso, ¿no? A vosotros, que pensáis y creéis que podéis hablarme, ¿no se os cruza la idea de que Yo también puedo hablaros? ¿Qué tipo de comunicación es esa? ¿Qué tipo de diálogo se puede crear así? A lo sumo será una especie de monólogo, conversación retórica de cada uno consigo mismo. Pero ¿conversar? ¡Si tan solo lo intentarais!

Al tomar otro camino

Cuando tomes la decisión de escoger un nuevo camino, deberás aprender que aquello que dejes atrás, allí deberá quedar, sin detenerte demasiado en melancólicas despedidas ni en rendir cuentas para justificar tu decisión. Agradecerás por todo lo vivido, te despedirás desde el interior de tu ser.

Y si sientes que tienes que hablar con alguien para decir adiós, que sea ese solo un saludo, no te detengas en mucha explicación. Di tu Verdad en pocas palabras, sin aclarar, ni pretender que el otro entienda, ni que el otro sepa. Poco entenderá si es el otro quien continúa en lo mismo, y eres tú quien se va. Eres tú quien se aparta de ese lugar (sea una relación, un trabajo o cualquier otra actividad). Di tu Verdad, tranquila y claramente, si lo consideras necesario. Si no, di simplemente adiós, y agradece, siempre agradece.

No te escapes para que nadie sepa qué pasó. Tampoco te detengas regodeándote, cual tragedia griega, en una simple decisión que te llevará a continuar por otro camino y te obligará, por ejemplo, a distanciarte o a decir «no».

Por eso, ten cuidado y sé prudente cuando decidas algo, que sea un proceso de profundidad y de valor, y no un simple impulso donde resuelves porque sí, o porque se te ocurrió.

Sabes muy bien que los actos tienen consecuencias, y que una simple decisión puede llevarte a ti y a los otros a cambiar radicalmente su destino.

En el juego del libre albedrío, hacerse cargo de quién es uno es ser responsable de vivir libremente. Por eso, vive tu vida para que seas tú el autor de tu propio guión y, a su vez, convoques a los otros a formar parte de tu obra, respondiendo por cada acto y por cada decisión.

Vive el proceso sin medir los resultados

Vivir el proceso es simplemente eso, ser y estar transitándolo.

Atento, paso a paso, soltando, dejando que las cosas sucedan como tengan que suceder, y tú ocupándote de tu parte.

Recuerda que tu parte no es precisamente forzar ni medir.

¿Cómo se puede medir un resultado cuando todo en la vida es un proceso? ¿Dónde estaría el resultado final si se abre un comienzo con cada desenlace? ¿Quién podría decir si los resultados son buenos o malos? Si todo se resignifica con el tiempo, ¿cómo evaluar los acontecimientos?

Todo proceso supone un conflicto, un sí y un no, enfrentados.

A medida que se va desarrollando, van surgiendo conclusiones, experiencias, aprendizajes; entonces los procesos del avance en el camino resultarán ser cada vez menos conflictivos y más armoniosos.

Es en el juego de los opuestos donde se debe resolver el conflicto, analizando, desmenuzando, observando y, por sobre todas las cosas, contemplando.

Esto significa que a la hora de contemplar serás observador, serás una especie de testigo de ti mismo, de lo que te está sucediendo.

Ser testigo es poder observar desde una distancia óptima como para estar presente, pero sin involucrarse demasiado, es decir, sin juzgar ni criticar.

Además, ¿cómo poder evaluar o juzgar si aún no está todo dicho?

En este acto de contemplación te conviertes en meditador y observador de tu propia vida.

Y recuerda siempre lo siguiente: no son los hechos en sí sino tu interpretación, tu mirada de las cosas, lo que determina su sentido. Todo depende desde qué lugar se observe la vida.

Unir fuerzas

Cualquier cosa que desees emprender en tu vida hazlo siempre desde el propósito más elevado, es decir, no hagas algo para desafiarte o ponerte a prueba, esto encarará el proyecto desde una posición narcisista e interesada solo en el resultado.

Tampoco hagas algo desde la promesa hacia Mí: «Te prometo que...».

No me convoques para eso.

Te acompañaré, te observaré y estaré contigo, si así lo quieres.

Pero no realices promesas ni juramentos, esto supone un esfuerzo y un sacrificio que muy difícilmente se puede sostener por mucho tiempo.

Hagas lo que hagas, hazlo desde el total convencimiento de que lo haces con un propósito claro. No me conviertas en un Dios tirano y severo que quiere ver sufrir y padecer a su Creación, lejos de Mí está hacerlo. Si haces algo, que no sea partiendo de esa actitud.

Búscame, pero no para prometerme nada, en todo caso «hagamos un trato», acordemos lo que quieres lograr y en qué quieres que te ayude.

Piénsame como un socio, como parte del equipo de trabajo.

Estoy contigo, estoy de tu lado.

De ahora en adelante, cada vez que me convoques, no lo hagas como si fuera algo separado de ti. Y si bien, como toda dicotomía Divina, tú tienes tu propia individualidad y Yo la mía, ambos conformamos la Unidad indivisible del Uno.

No es lo mismo que me convoques para unir fuerzas a que me convoques para que sea testigo de la tuya.

Te recuerdo, por las dudas, que Yo no necesito comprobar quién eres, eso ya lo sé.

Te recuerdo, además, que eres parte de Mí, eres mi Creación.

Cada vez que necesitas ponerte a prueba, es porque dudas, porque no confías, porque crees por momentos en la ilusión.

¿Qué ilusión? La de estar separado de Mí, la de no ser suficiente, la de estar limitado, la de creerte culpable, pecador, en falta, la de ser carente, la de no tener... En definitiva, todos los *no ser* que se te ocurran.

Por eso, cada vez que quieras lograr algo, lo que sea, búscame para formar parte del equipo de trabajo, para permitirme ser uno más, para estar junto a ti.

Somos socios, recuérdalo. Inclúyeme en tu partido y así jugaré a favor.

Nadie, escúchame bien, necesita de testigos, o por lo menos nadie los necesitaría si:

- la Palabra tuviera peso de Verdad;
- existieran la confianza y la honestidad;
- todos se supieran suficientes para ser y hacer lo que quisieran;
- la concordancia cuerpo-mente-espíritu existiera como forma de vida.

¿Te has parado a pensar en todas aquellas situaciones en las que se convoca a un testigo para que atestigüe, para que dé testimonio, para que conste y pueda dar declaración de los hechos? ¡Una locura!

Se ha perdido la confianza en los otros, y eso demuestra que se ha perdido la confianza en uno mismo.

Si bien se puede ir cambiando como parte del proceso del vivir, lo importante es hacerse cargo, responder ante los hechos y frente a las decisiones tomadas.

En eso consiste la honestidad: en que los actos concuerden con las palabras, «lo que se dice, se hace».

Ser responsable es *responder por*. Y la responsabilidad, la verdadera responsabilidad asumida, es con uno mismo, con el propio ser; es convertirse en observador y testigo de quién se es.

De allí que el propio ser se convierta y dé testimonio de la concordancia o no, de la honestidad y de la deshonestidad de los asuntos.

Ser y estar en uno

Ser y estar en uno significa hablar por uno, pensar por uno, ser en uno.

¿Cuántas veces los otros hablan por ti?

¿Cómo hablar del otro? ¿Crees que esto es posible?

¿Crees que alguien puede saber de ti, de lo que en verdad piensas y sientes? Hasta tú mismo, si quisieras compartir un determinado sentimiento o una simple idea, podrías hablar, decir, tratar de expresarte de alguna manera, pero nunca nadie llegará con exactitud a saber de ti. Por más que haya vivido o sentido algo parecido, solo se aproximará a tu realidad.

Hasta al elegir entre todo el repertorio de palabras y formas de expresarte, encontrarás solo maneras de acercarte a aquello que quieres manifestar.

¿Cómo describir el dolor? ¿Qué palabra se le puede dar a la sensación de vacío? Porque, si bien todos sienten en algún momento de sus vidas vacío o dolor, cada cual lo vivirá en el cuerpo y en la mente de distintas maneras. Todas serán sensaciones que recibirá el cuerpo físico para dar testimonio del acontecer, y esas sensaciones estarán condicionadas por los pensamientos. De allí surge la interpretación de los hechos. Y de dicha interpretación surgen el sentido y las consecuentes emociones, que nos van dando una nueva orientación o reafirman la anterior.

Las palabras nunca alcanzan, ni siquiera en este momento en que intento expresar lo que te estoy explicando. Siempre serán aproximaciones que acerquen a la Verdad, al mensaje que se quiera dar.

Es así que a veces el silencio puede decir mucho más.

¿Sabes por qué? Imagínate junto a otra persona, no importa quién, solo imagínate junto a otro ser. Observa desde afuera la cercanía física. Si solo hubiera silencio y más silencio, ¿qué pasaría?, ¿cómo crees que te sentirías? ¿Sentirías incomodidad? ¿Te imaginas esquivando la mirada, te imaginas pensando en otra cosa? ¿Te alejarías un poco del contacto físico?

Imagínate ahora estar con alguien significativo para ti, alguien por quien sientes afecto. Si pudieras compartir unos minutos de silencio absoluto a su lado, ¿qué crees que pasaría contigo? ¿Y con el otro? ¿Lo puedes imaginar?

Si os dejarais llevar por lo que sentís, el silencio os envolvería colmando el ambiente de la energía que emanaría de cada uno. Mas si os costara manifestar el Amor, tal vez alguno de los dos empezaría a hacer algo frente a la incomodidad, a decir cualquier cosa o a querer escaparse.

¿Por qué? ¿Cómo puede ser que semejante situación, tan simple y sencilla, pueda resultar tan amenazante? ¿Cómo puede ser el silencio tan amenazador para vosotros, los humanos?

¿Sabes por qué?

Porque el silencio acerca de verdad.

Y a veces las palabras pueden terminar alejando a las personas.

¿Cuántas veces expresaste algo, pero el otro interpretó una cosa totalmente diferente? Las palabras son herramientas que acercan o alejan, según cómo se las utilice y de acuerdo a cómo se las interprete. Sin embargo, el silencio siempre acerca, de ahí la incomodidad.

¿Quieres saber qué te genera la otra persona?

Contémplala en silencio y, si fuera posible, conéctate desde la mirada. ¿O no te han dicho alguna vez que la mirada es la «ventana del alma»? Entonces, si puedes, ingresa al alma del otro a través de esas ventanas, y así sabrás quién es en ese momento.

La vida como medio y fin

La vida es un regalo que te fue dado para que aprendas a disfrutar al vivir.

Es un medio y un fin en sí mismo.

La vida como medio te permitirá vivir ciertas experiencias en tu día a día, para que puedas manifestar quién en verdad eres, cumpliendo con tu propósito Divino.

La vida es un fin, ya que a medida que se vive se aprende a gozar, a sentir y a disfrutar con toda su magia y con todos sus misterios.

Piensa la vida como un camino en el que siempre surgen nuevas búsquedas mientras se lo transita. En un inicio serán para satisfacer necesidades, pero luego deberás tener cuidado de no confundirlas con los deseos.

El hombre, por creer que los objetos cubrirán todas sus necesidades, emprende un camino de búsqueda externa. De este modo, toda clase de «objetos-señuelos» le harán creer que sin ellos nada es: dinero, fama, reconocimiento, admiración, entre otros.

Convencido de que para ser hay que tener, terminará cayendo en la ilusión. Solo cuando descubra que la fórmula es al revés, primero *ser* y después *tener*, podrá elegir de nuevo.

¿Quién eliges ser? ¿Qué parte de tu ser eliges experimentar?

¿Eliges experimentar el Amor incondicional?

¿Eliges experimentar la Divinidad que habita en ti?

¿Eliges experimentar el Ser Dios en lo humano?

A partir de allí, dependiendo de lo que hayas elegido, comenzarás a llenar tu vida de un sentido nuevo.

¿Para qué?

El ser humano, en su constante búsqueda, se olvida de hacerse la gran pregunta. Si esa pregunta se la hiciese más seguido, dejaría de buscar de manera insatisfactoria.

Esa famosa pregunta es: «¿Para qué?».

¿Para qué acumular más dinero?, ¿para qué buscar la fama?, ¿para qué querer ser la más linda?

La respuesta a este interrogante abrirá la posibilidad de ver que, muchas veces, son búsquedas sin sentido que esconden la propia inseguridad.

¿Qué inseguridad? La de creerse carente e insuficiente y, en consecuencia, querer más y más. La de sentirse imperfecto y de allí tratar de subsanar esa imperfección con todo lo que *se supone* que hay que tener.

¿Te has preguntado alguna vez para qué estás aquí?

¿Has intentado por lo menos dejar abierta la pregunta?

Busca... Busca y encontrarás.

Pero ten en claro lo que buscas, si no, no reconocerás lo que has de encontrar, y terminará siendo puro desencuentro.

En el camino de la búsqueda, luego de tanto andar, llegará un momento en que dejarás de hacerlo. El cansancio te llevará a querer encontrar y dejar de buscar. Así comenzarás a acortar caminos, a transitar otros recorridos más directos, más livianos y más simples, donde puedas lograr la comprensión y el entendimiento desde todo tu ser y no solo desde la razón.

Si el camino tiene corazón, síguelo. Si no lo tiene, déjalo atrás.

Serán caminos en los que te guíe la intuición, a través de los sentidos, en los que tu alma, a través del corazón, te permitirá saber por dónde continuar.

Pero deberás ser valiente y asumir con coraje toda nueva decisión.

Sabrás decir «no» a aquellos ofrecimientos que no concuerden con tu búsqueda. No deberás caer en la tentación de creer que debes aprovechar la oportunidad. No hay que aprovechar, solo hay que ser.

¿Quién quieres ser?

Esa es la pregunta que te ayudará a avanzar en el camino del encuentro.

¿Qué encuentro?

El encuentro contigo mismo, con quien eres en verdad.

En el encuentro contigo, se habrá producido el encuentro Conmigo, se habrá producido el gran encuentro con Dios.

Y allí, definitivamente, dejarás de buscar.

Cuestión de enfoque

Todo en la vida es una cuestión de enfoque.

¿Desde dónde haces las cosas, desde qué lugar eliges lo que eliges?

Eso determinará el famoso «¿para qué?».

Muchas veces se comienza a buscar por fuera. Aun sin saber lo que está buscando, el ser humano busca y busca sin parar, corre de aquí para allá. Hasta que en determinado momento, en el mejor de los casos, comienza a replantearse la vida, entonces va haciendo las modificaciones necesarias para continuar por caminos más auténticos, donde pueda ir encontrándose más y más.

Nunca es uno sin el otro, nunca buscarás primero un camino directo y simple, porque para eso primero has de volverte simple contigo mismo. Habrás tenido que atravesar la complejidad de tu existencia, de tu historia, de tu vida, para que, luego de desenmarañarla, puedas volverte cada vez más y más sencillo, cada vez más simple.

Esta puede ser una clara señal para saber si estás en el camino correcto. Si con los años te has vuelto más complejo, entonces será momento de volver al origen. Esto es ser *original*: volver a ese origen donde la vida era mucho más simple, donde existía una común-unión con el Universo. Fue justamente la ambición del hombre, en su propia evolución, la que en algunos aspectos lo llevó a involucionar.

En su afán de simplificarse la vida, muchas veces se la termina complicando. Se llena de objetos, aparatos de última tecnología que utiliza, supuestamente, para simplificar las tareas del día a día. Y así termina siendo esclavo de tanta tecnología, de tanta modernidad. Compra y compra cada vez más, mientras el consumismo le genera la loca ilusión de lo último, de la novedad, fomentando el no puedes quedarte atrás, llevándolo a someterse ciegamente a la moda, a lo que se usa, a lo que hay que tener.

Perdido, agotado, infeliz, desdichado, así termina el ser humano luego de haber emprendido el camino equivocado.

Tampoco puedes irte de un extremo al otro, y querer desaparecer de la realidad en la que hoy vives. Solamente se trata de reubicar los lugares: ¿qué pones como medio, qué pones como fin?

Si, por ejemplo, comprar objetos es un fin en sí mismo, correrás tras la moda, siempre perderá valor tu última adquisición, porque enseguida aparecerá algo nuevo. Nada te alcanzará.

El placer que consigas experimentar a través de las sensaciones será tan efímero que durará segundos, cuando mucho, minutos.

¿Tanto esfuerzo por unos minutos de placer? ¿De qué placer se trata?

En cambio, si lo colocas como medio, como una forma de facilitarte las cosas, será mucho más beneficioso para el fin que desees alcanzar. No debes ir en contra del avance tecnológico ni de poseer objetos de consumo, simplemente se trata de qué lugar les das.

¿Qué colocas como medio y qué colocas como fin?

De allí la importancia del «para qué», ¿lo ves?

Toda búsqueda es una búsqueda de amor

Todas las indagaciones de los seres humanos están orientadas a la búsqueda de Amor.

Desde el niño que busca portarse bien, o sacar una buena nota en el colegio, la jovencita que pretende ganar el certamen anual de belleza, el hombre que quiere un ascenso en su trabajo, el intelectual que anhela más y más información, coleccionando más y más títulos, el rico que desea acumular más riqueza material, imaginando así ser más poderoso, aquellos que buscan tener según la marca, según el último modelo de auto, todos están buscando Amor, están buscando ser amados.

¿Te imaginas cómo sería todo si en vez de buscar ser amados, buscaran ser Amor? ¡Qué gran diferencia!, ¿no?

Te puse ejemplos bastante extremos para que veas que aun aquel que aparenta total frivolidad, siguiendo la moda, el poder, el reconocimiento, o hasta la mujer que elige entregar su cuerpo para ganar dinero a través de él, todos son como niños vulnerables e indefensos en busca de Amor.

Buscan, erróneamente, llenar esa falta, llenar esa carencia.

Lo que no saben es que, en vez de llenarla (lo cual sería una operación exitosa), la tapan.

¿Y por qué la tapan? Porque todas esas búsquedas llevan a encuentros ilusorios, fallidos, que, en vez de ser verdaderos encuentros, terminan siendo un gran desencuentro. ¿De qué?

Des-encuentro consigo mismo, con la Verdad.

Des-encuentro con aquello que en un inicio buscaron.

Des-encuentro con el Amor.

En la infancia es una búsqueda verdadera, porque en los primeros años de vida se trata de eso, de buscar, de investigar. El niño siente, con absoluta claridad y con total conciencia, la falta de Amor en su vida. Y aunque los padres lo amen, si esto no es puesto de manifiesto con palabras y con hechos, el niño sentirá una sensación de desamparo y de insatisfacción.

No se trata de estar todo el tiempo encima del niño, esto también sería contraproducente. Se trata de priorizar lo cualitativo sobre lo cuantitativo. A veces un mínimo gesto, un detalle sutil o una pequeña acción, pueden marcar la gran diferencia. Y así, ese niño, que en un inicio esperó sentir el Amor de sus padres y no logró ser mirado, querido y elegido, buscará de grande ese Amor que le faltó.

El problema surge cuando el hombre, al emprender el camino, lo hace creyendo que fue su propia insuficiencia la que le impidió recibir lo que deseaba.

Si eso sucede, buscará compensar esa insuficiencia para lograr ser querido, y emprenderá la búsqueda por tener.

Así, podrás ver que ese hombre, que en su auto último modelo se cree superior, o ese multimillonario, que acapara cada vez más, no son seres superpoderosos, sino simples niñitos buscando a su mamá. Siempre ten cuidado de no irte de la sobrestimación a la subestimación, que también esconde prejuicios, condenas, enjuiciamientos, que encarcelan y dan muerte al ser.

Simplemente observa desde esta nueva mirada cómo todos, desde sus propios caminos, terminan buscando lo mismo, sin saber que lo que buscan es *su propia esencia*.

Para ser, primero hay que no ser

De eso se trata: de ser y estar en la unidad Conmigo.

La adrenalina de la pasión es ese dulce veneno que enceguece frente a lo verdadero del Amor.

Ahora bien, como no podía ser de otra manera, es en esta dicotomía Divina donde surge el camino del Ser.

Vendrá desde la pasión aquello que genere el encuentro con la no-pasión.

Y será desde este des-apasionamiento que surja el desapego, y de allí el Amor. El Amor ya no como instantes de fugacidad, sino como ese estado natural, como estado permanente donde habita el Ser.

Para ser un instrumento de la Creación, para ser un medio, para ser una herramienta del Universo, para servir a la humanidad, para ser todo ello... hay que NO SER.

Para ser hay que no ser... Para ser lo Uno hay que no ser lo otro.

Es decir, para ser un verdadero servidor, hay que dejar de servirse.

Para ser un instrumento de la Creación, hay que dejar de ser un individuo separado de todo lo Creado.

Para ser una herramienta del Universo, hay que *ser* el Universo.

Para fundirse en el Todo, hay que dejar de ser la parte. Salirse de la mismidad del pequeño yo, con el cual se identifican casi todos los seres humanos, para fundirse en el Uno mismo. Dejar de ser para ser significa, ni más ni menos, eso. Ser Uno mismo, siendo lo que siempre se fue y no se sabía, quien siempre se era y no se recordaba.

Ser para no ser... «Ser o no ser», bella inspiración Divina. Solo se trata de lo siguiente: no ser para ser, y ser para seguir siendo quien ya se es.

Habrá entonces que emprender el camino del vaciamiento, del renunciamiento, de la entrega, de la rendición.

¿De qué entrega? De la entrega del ego, del renunciamiento del pequeño y diminuto yo, del vaciamiento de todo aquello que te dijeron, que te contaron, que te *vendieron* como la Verdad.

Habrá entonces que volver a cuestionar todo lo aprehendido, lo adquirido durante toda la vida, para limpiar, para reacomodar y para despojar todo lo que es de lo que no es. Habrá que iniciar el doloroso camino que lleva al desmoronamiento, a la caída, a la ruptura de todo lo que no es Verdad.

¿Por qué doloroso? ¿A quién le dolerá?

A quien podría dolerle es al ego, ya que al caerse lo que no tiene peso de verdad, se cae la ilusión, lo ficticio, lo que nunca tuvo real existencia. Frente a esto, la caída será *pura espuma*, salvo que el ego haya tomado tanto poder, tanto protagonismo, que *se la crea* y que, en su propio delirio, crea que es una pérdida, que la caída sea de algo que tuvo vida y que existió.

Si lo ilusorio no tiene existencia verdadera, y el ego acompaña esa ilusión, la caída de uno sería la caída de los dos. Y, por ende, al desaparecer lo que no existe, el fenómeno aparece como la leve sensación de un soplido sobre el rostro, suave brisa, nada más.

La tormenta la desatará el ego, encaprichado, desesperado por no querer morir. ¿Pero cómo puede morir lo que nunca tuvo vida?

Imposible... Verdadero delirio que genera el despiadado ego.

¿Por qué? Por querer ser el centro, para darle forma (ilusoria forma) al egocéntrico yo.

Locura, verdadera locura.

Sentir la sutileza de lo natural

Lo sutil, eso es lo Natural. La naturalidad del acontecer en la vida, eso es la sutileza del sentir y experimentar la Creación.

A partir de esa naturalidad, no serán necesarias ceremonias estruendosas que den cuenta de la autenticidad, y tampoco serán importantes las formas, los caminos, ni cualquier ritual que te traiga a Mí.

Ya estás en Mí, porque ya estás en ti.

Para eso ya no necesitarás de la adrenalina que genera la pasión, esa especie de montaña rusa que te conduce lentamente a la cima para después bajarte estrepitosamente. Subidas, bajadas, vueltas y más vueltas, sin parar, con rapidez, con vértigo, hasta terminar mareándote.

Cuando aprendas a valorar lo sutil, a reconocerlo, a sentir la diferencia con todo lo demás, empezarás a encontrar y dejarás de buscar. Comenzarás a ser un *encontrador* en vez de un *buscador*, y esto marcará una gran diferencia en tu vida, en tu sentir, en la manera de percibir la infinita Creación.

Es en la sutileza de lo sutil donde el Ser se manifiesta, dando noticia de su existencia, plena y real, que habla de Mí, reconociendo así su propia esencia.

Entretenerse:
entre-tenerse, tenerse-entre

¿Para qué quieres entretenerte? ¿Por qué quieres escapar de ti?

¿Qué te asusta? ¿De qué tienes miedo?

¿Desde dónde y hacia dónde eliges correr?

¿Se puede escapar el Ser de lo que es?

¿Se puede huir del propio centro, de aquello que lo constituye y le da vida?

Su esencia es su naturaleza, le pertenece, le da existencia, lo hace Ser. Si te distraes, si buscas entretenerte, posiblemente te perderás de saber semejante Verdad. Por supuesto que el camino no existe sin eso, y está bien aflojar la tensión de la cotidianeidad de la vida. Pero debes preguntarte si se puede aliviar la tensión con más tensión.

Si estás cansado o tensionado por la rutinaria semana, ¿por qué eliges distraerte yendo a lugares de igual o mayor tensión, relacionándote con personas que te cargarán de más y más preocupación?

El ser humano, en su afán de encontrar soluciones rápidas que lo alejen de su problema, termina *cambiando figuritas.*

Sin ir más lejos, mira a aquellos que buscan escapar de la rutina, del aburrimiento, con salidas en las que, para entretenerse, eligen el ruido, el alcohol o las drogas. Todo lo hacen para no pensar y así evitan pensarse y descubrir la Verdad.

Figuritas, simple intercambio de figuritas.

Es más de lo mismo, pero con diferente forma o color. Ilusiones representadas como posibilidad de convertir y transformar la amargura del vacío.

Te repito: no es con eso con lo que se avanza.

Deberás primero perderte para luego encontrarte.

Deberás haber estado en la oscuridad para buscar la luz.

Deberás haber sentido la angustia del vacío para buscar la respuesta al para qué, y encontrar así el sentido.

Deberás haberte sentido muy solo frente a tanta mentira y tanto engaño para ir en busca de la Verdad de tu propia compañía.

No es sin eso... No es uno sin el otro.

Son necesarios ambos caminos que, si bien se complementan, pasan luego a reemplazarse, para acceder así a la Verdad. La Verdad sostiene que:

- el camino es uno solo;
- todo lo demás fueron solamente pasos en tu andar;
- cuando creíste que te habías equivocado, cuando creíste desviarte del camino, siempre estuviste en el mismo lugar: junto a Mí, en la Unidad.

Fue la ilusión que genera el olvido la que te hizo creer en el error. Por eso, querido hijo, ten presente que siempre estuvimos y estaremos unidos, que es imposible separar lo inseparable, que es imposible dividir la Unidad.

Este es el juego de la vida, esta es la Verdad. Y, a diferencia de cualquier otro juego que entretiene, aquí ya no te tienes «entre... nadie más». Aquí ya te tienes... «de verdad».

Al alma no hay quien la engañe

¿Quién puede negar lo que ve tu alma?

¿Quién puede tapar la Absoluta Verdad?

Puedes ver desde tu pequeño yo a través de tus ojos, o desde tu alma a través de tu corazón.

Es en este caso cuando ya no necesitas ninguna corroboración.

Se siente o no se siente.

Es la cabeza la que busca, aun después de haber encontrado datos y más datos, razones suficientes para comprender.

Es la que sigue buscando y buscando para volverse a perder.

¿Seguirás buscando con tu loca cabecita?

¿O empezarás a ver desde tu alma, a través del sentir de tu corazón?

El amor nunca aparece como desafío

Cuando quieres hacer algo desde el desafío, ten en cuenta que no lo haces desde el Amor; ambos son incompatibles y responden a distintas motivaciones.

Si quieres hacer algo desde el desafío, estarás poniendo a prueba tu yo, que es al único a quien puedes desafiar, ya que le gusta alimentarse de pruebas y más pruebas para demostrar que puede, que vale, que es fuerte. Ante su propia inseguridad, jugará cualquier apuesta con tal de ganar. Apostará frente a otros, consigo mismo, porque para él lo importante es desafiar: «A ver..., a ver..., a ver si puedo esto o aquello...», «A ver si te puedo ganar...».

Muy distinto es emprender algo desde el Amor, por Amor.

Un gran cambio, una gran diferencia, eres tú contigo mismo.

Eres tú frente a la propia Verdad, lo que le da el sentido a lo que quieras realizar.

Por Amor, haz todo por Amor.

Hazlo de corazón y solo así disfrutarás de lo que hagas; de lo contrario, siempre estarás especulando, negociando, viendo de sacar ventaja de lo poco o mucho que decidas hacer. Te convertirás en un verdadero estratega, y eso te enfermará, llenará tu corazón de tristeza y no harás nada sin pensar, no harás nada sin calcular. Y a partir del cálculo y la especulación terminarás negociando con tu alma sin saber qué pasó.

Por Amor, haz todo por Amor.

No importa quién sea el otro, haz todo por Amor a Dios, haz todo en Mí Nombre.

El amor es algo que se da.
Se da porque se tiene, y
se tiene porque se es.
Se es amor y se da lo que se es

Cuando esto no se sabe, se cree que el Amor es algo que debe buscarse por fuera. En vez de reconocer que es la esencia misma del Ser, aquello con lo cual están hechas todas las cosas.

Al reconocerlo, surgen dos hallazgos, dos encuentros:

• El encuentro contigo mismo.
• Por ende, el encuentro con Dios.

¿Qué puede faltar si se ha encontrado a Dios, qué más buscar frente a semejante hallazgo? Cesa entonces toda búsqueda y se reconoce el Todo de la existencia, el Uno de la Creación.

Solo cuando se cree en la necesidad, se sale a buscar.

El único ser que realmente necesita es un bebé, ningún otro ser en la Naturaleza *necesita*. El bebé, sin un otro que lo asista, que lo cuide, que lo atienda, se muere. Necesita, necesita desde la real necesidad. Si a medida que crece sigue creyendo que en verdad necesita, seguirá buscando por el resto de su vida. Todo dependerá de su crianza y de su educación. Si los padres saben educar a un niño desde el Amor incondicional, se convertirá en un adulto verdaderamente libre, sin ser demandante ni creer que necesita de los demás. De lo contrario, creerá que todo es cuestión de negociar: «Te doy, me das». Ya que así se lo enseñaron desde pequeño: «Te doy si, y solo si, te portas bien, sacas buenas notas y me quieres».

Una cosa es poner los límites necesarios, y otra es vivir negociando, trocando, dando para recibir.

¡Cuántas veces se da desde este lugar!, ¿verdad?

El niño crece creyendo que tiene que dar para recibir, o no hay premio, o no hay recompensa, no hay regalo, no hay Amor.

¡Qué diferente sería todo si aprendiera que se da para dar, y como consecuencia inevitable se recibe!

Primero se recibe en el mismo instante en que se da, y esto constituye la absoluta y total satisfacción que se siente al dar. Lo que se siente es, ni más ni menos, que Amor. Y es ese Amor que, al darse desde la incondicionalidad, viene de vuelta, como reacción necesaria del que recibe.

Busca para encontrar, y encuentra para dejar de buscar

Es así como siempre sucede. Primero, buscarás sin ser consciente de que has emprendido una búsqueda. Luego, buscarás conscientemente, sabrás que has elegido ese camino, aunque todavía no sepas lo que estás buscando.

Pasarás entonces a buscar creyendo saber lo que en verdad buscas.

Hasta que llegará un momento en el que dejarás de buscar en lo superfluo, lo irreal, y buscarás tu esencia e irás tras el Amor.

Finalmente, cansado de buscar, renunciarás a ello y solo querrás encontrar.

Es allí, en el renunciamiento, en la entrega y en la rendición, donde todo aparece.

Es allí donde se presenta la Verdad Total, la Verdad Última. Aquella que da cuenta de quién realmente eres, de cuál es tu esencia y de quién siempre fuiste en verdad.

En semejante encuentro reconocerás la Unidad, la permanencia absoluta de tu Ser en el Uno, de tu Ser Amor y de tu propia Divinidad, que late dentro de ti.

Honrar la vida al contemplarla

El arte de la contemplación es el arte de la veneración, del honrar la vida y valorarla. No con el fanatismo religioso que aleja al ser humano de Mí, poniendo a ese Dios tan alto y tan lejos que resulta imposible alcanzarlo.

Se trata de una valoración y de una veneración en las que el propio Ser se reconoce como parte de aquello que contempla.

Y sabiéndose parte, se reconoce en ello el Todo: la parte y el Todo como proceso esencial de la Creación.

El Uno, conformado por todas las pequeñas unidades, que son las partes y a su vez, el Todo, la Unidad con Dios.

Del buscador dependerá lo buscado

¿Qué decir de la búsqueda? ¿Qué decir del buscador?

Lo importante en toda búsqueda será el desde dónde.

Desde qué lugar partes a recorrer un determinado camino, lo que trae como consecuencia que elijas ese camino y no otro.

La elección está determinada por el «¿para qué?».

¿Para qué eliges ir por ese camino?

Y, luego de dar respuesta a ese «para qué», surge otro interrogante: ¿desde dónde? ¿Desde qué lugar lo eliges?

Del punto de partida dependerá la llegada.

El punto de partida será el punto de llegada: «en el principio está el fin».

El ser es eterno

Los encuentros y desencuentros corresponden a un nivel donde pareciera existir el espacio-tiempo.

El Ser, la Verdad, el Amor incondicional existen en aquello que pertenece al no-tiempo: la Eternidad sin tiempo.

Las pasiones

El camino que lleva al estado de plenitud que experimenta el Ser, como un estado permanente y de absoluta naturalidad, se inicia siempre desde las pasiones. Por eso es importante apasionarse con la vida, para luego desapasionarse. Este es el camino que llevará al ser humano al estado esencial del Ser. Una persona sin pasión no puede siquiera emprender el camino hacia la no-pasión.

Para sacar, primero hay que poner...

Para poder restar, primero hay que sumar.

Es como el bloque de mármol que se convierte en escultura a medida que se le van retirando las capas. El escultor puede ver más allá de ese pedazo de piedra, así como el pintor ve más allá de su lienzo en blanco. Eso es confiar, es poder ver más allá, con los ojos del alma. Y aun viendo ese posible más allá de lo que todavía es nada, el artista se deja sorprender a medida que su creación va tomando forma, y se deja atrapar por semejante surgimiento. Es el creador, el artista y, al mismo tiempo, el espectador de la obra.

Observa, contempla y, a la vez, realiza.

Dirige y es guiado por las manos del Gran Creador.

Por eso, apasiónate plenamente con la vida, esa será la fuerza impulsora para avanzar. Luego, al reorientar tu búsqueda, inevitablemente, te desapasionarás.

Será la consecuencia lógica del des-apasionamiento, donde lo efímero cae y surge la Verdad por sobre todas las cosas.

Entonces comenzarás un camino más auténtico, donde los estados, y no las efusivas emociones, serán los que determinen la esencia del Ser.

¿A qué le temes?

Si reconoces tu perfección, ¿a qué le temes?

Si reconoces tu Ser en Mí, y mi Ser Dios en ti, ¿qué le pueden hacer a Dios? Recuerda, siempre recuerda que me has encontrado.

Y, al hacerlo, han desaparecido el temor, la duda y la confusión.

¿Hay Amor?

Hay claridad.

¿Hay Amor?

Hay certeza.

Nada verdadero puede ser derribado.

Estás en Mí, estoy en ti.

La Verdad siempre sale a la luz.

¿Estás tranquilo, estás sereno?

Entonces estás en tu Ser.

En el aquí y ahora de tu vida, ¿eres feliz?

Respóndeme, ahora, en este instante: ¿Eres feliz?

¿Quién lo dice? ¿Tu mente? ¿O tu ego, que no puede ser menos?

Y tu cuerpo, ¿qué dice él?

Si quieres saber de tus sentimientos, pregúntale a él, que es el que sabe.

¿Qué siente?, ¿está cómodo o incómodo?, ¿está relajado o tenso?, ¿siente ganas de irse corriendo o de quedarse donde está?

Y tu corazón, ¿cómo late?, ¿está acelerado o tranquilo?

Chequea tu respiración, fíjate en su ritmo...

¿Qué dice tu cuerpo? Escúchalo hablar y oirás la Verdad.

Tu mente podrá decirte cualquier cosa, querrá convencerte y hacerte creer que está todo bien o, al contrario, que está todo mal.

Pero será tu cuerpo el que hable y dirá la Verdad.

Y si quisieran hacerlo callar, a los gritos se oirá, denunciando su total malestar, su necesidad de ser visto y escuchado; y en especial, su necesidad de que se le dé total credibilidad. Sin justificaciones que minimicen su veracidad.

Por eso, cuando quieras saber de tu sentir, pregúntale a tu cuerpo que es el que sabe.

Acepta los regalos

Acepta los regalos que el Universo te envía, ábrelos y observa qué hay en su interior, por algo te llega un regalo y no otro.

Observa y descubre qué es lo que tu alma acercó.

Nada llega por casualidad, todas son *excusas* para experimentar lo que tu alma desea experimentar y así avanzar con tu propia evolución.

Si el Universo te acerca una posibilidad (un proyecto, un trabajo, una nueva relación, lo que sea), fíjate primero de qué se trata, porque *por algo apareció*. Tal vez no haya sido esta tu petición, pero viene a representar algo de ti.

Elige, elige de nuevo, y si lo que eliges es decir «no, gracias», primero ten en claro a qué le dices «no». Puedes elegir aceptar el regalo y luego volverlo a regalar, transformarlo o utilizarlo tal cual está.

Sin embargo, solo *abriendo el paquete* sabrás, verdaderamente sabrás, qué hay dentro de él y qué has de hacer con él.

¿Qué son los regalos?

Son oportunidades que van más allá del mensajero, que van más allá del regalo en sí.

Son oportunidades para observar qué se ha atraído para la vida, qué es lo que se creó, qué viene de vuelta por ley de afinidad y atracción, entre otras cosas.

El problema es cuando te aferras al regalo.

Al no tomar distancia y descubrir que no se trata del regalo, sino de lo que la experiencia trae como regalo, se confunde el mensajero con el mensaje.

En cambio, te beneficiarás si consideras al regalo como la posibilidad de:

- experimentar tu Ser en su versión más elevada;
- ver qué te devuelve tu entorno;
- comprobar en qué frecuencia de vibración está tu energía;
- reconocer quién estás siendo y qué estás generando.

Recuerda que siempre, frente a un regalo que te presente la vida, tienes la total libertad de elegir desde qué lugar lo tomas o lo dejas.

Porque la libertad de elección es la condición absoluta del Amor.

Plan perfecto

¿Sabes cuál es la clara señal de que me has encontrado?

La sensación de absoluta completitud y de total desapego. La verificación de que todo está absolutamente bien, siendo lo que tiene que ser, fluyendo y respondiendo a un Plan Perfecto.

Que todo responda a un Plan Perfecto significa:

- que debes reconocer la Perfección en todo lo que existe y en todo lo que es;
- que esto, a su vez, te llevará sorpresivamente a tener que reconocer la Perfección, incluso en aquello que aparenta no ser perfecto.

Es en esas apariencias, más que nunca, donde debes recordar la Perfección.

Una situación, cualquiera que sea, es un conjunto de sucesos que acontecen en un espacio-tiempo determinado, como, por ejemplo, encontrarte con alguien, conseguir un empleo o enamorarte. Y también aquellos acontecimientos que parecen tener una connotación negativa, como padecer alguna enfermedad, que te despidan de un empleo, que pierdas a un ser querido, lo que sea, todo, ABSOLUTAMENTE TODO, responde a un Plan Perfecto.

Esto significa que:

- nada pasa por casualidad;
- un sinfín de acontecimientos se conjugaron a favor para que esa situación haya resultado como resultó;

- los acontecimientos, como los eslabones de una cadena, son unidades que forman parte de la Totalidad.

Ahora, ¿quieres saber por qué y para qué suceden estas cosas? ¿El por qué una situación penosa o triste responde a un Plan Perfecto?

Reconocer la Perfección es reconocer también lo Imperfecto que forma parte de ella, es decir, para que algo sea Perfecto como Totalidad debe contener lo Imperfecto.

Si reconoces a Dios como el Creador de todo lo que existe y de todo lo que es, y lo reconoces como pura Perfección, entonces todo lo que surja como consecuencia de algo Perfecto, también lo será.

De algo Perfecto resulta también algo Perfecto.

De la causa dependerán las consecuencias.

Sé que te cuesta creerlo porque al intentar imaginarlo solo ves caos y horror dando vueltas por el mundo. La destrucción misma es terriblemente amenazadora para la conservación del planeta.

Ahora bien, lo terrible, lo horrendo, lo malo, lo feo, lo negativo, etcétera, no son más que juicios de valor. ¿Quién puede decir que algo es bueno o malo en sí mismo? ¿Para quién, para qué?

Algo que puede ser bueno para alguien, al mismo tiempo, puede ser malo para otro. Buena suerte..., mala suerte... ¿Quién sabe?

No existe el equívoco ni el error

Siempre que debes decidir algo, existen, aparentemente, dos opciones, ¿verdad?, y tú tienes que elegir entre la opción «A» y la opción «B».

Supongamos que eliges la opción «A», y como consecuencia de esa elección, se desencadenan una serie de acontecimientos que van forjando un camino.

Imaginemos que al transitar ese camino descubres que te has equivocado, que no era «A» la mejor opción, sino «B».

Harás todo lo posible por reencauzar el camino y volver a «B».

El esfuerzo que debas poner para ello dependerá, por supuesto, de cuánto hayas transitado por el camino «A» y de las consecuencias que esto haya generado.

Pero si eres una persona que se juega a todo o nada por su verdad, asumirás responsablemente las consecuencias de tus decisiones.

Ahora bien, decir que no existe el equívoco ni el error significa que cuando creas haberte equivocado en elegir la opción «A», sabrás, sorpresivamente sabrás, que era esa la única manera de descubrir la verdad, que el camino correcto era «B»...

Entonces, si reconoces que era esa la manera que tenía tu alma de llevarte a descubrir aquello que descubriste, reconocerás solo hallazgo y no equívoco. Y así, al re-encauzar el camino, ya no será «B» la opción que finalmente tomarás, será un nuevo camino, una nueva «A».

Siempre es «A»..., siempre eliges «A».

Frente a dos supuestas posibilidades, tu alma elegirá la mejor (aunque en su momento aparente ser la «peor») para experimentar y aprender lo que necesita.

No es lo mismo creer que aprendes gracias al equívoco y al error, a saber que nunca te has equivocado y que era esa la única manera de aprender lo aprendido.

Y, a medida que vayas avanzando en el plan de evolución, ya no necesitarás experimentar a través del dolor ni de la frustración.

Pide, entonces, estar en concordancia con tu alma antes de elegir, y que sea esta la que te guíe por el camino más amoroso para ti.

Esto hace la diferencia entre una y otra opción. La manera de avanzar, desde el Amor o desde el dolor.

Tú eliges, por eso, elige de nuevo y elige avanzar desde el Amor.

Con el verdadero encuentro, cae la ilusión

El encuentro con lo Divino te hace saber que:

- siempre estuvimos juntos;
- ya no había más caminos para buscar;
- lo que buscabas siempre estuvo dentro de ti.

De esta manera, reconoces entonces la Unidad.

Todos los caminos desaparecen al encontrarme, todo cae en un instante por ser justamente pura ilusión.

¿Qué ilusión?

La de creer que para encontrar debes ir a algún lugar, debes buscar fuera de ti, o esperar que alguien te lo dé. Mas no es así como...

Será una manera de comenzar a buscar, para que luego de varios intentos fallidos, de varios desencuentros, aparezca la Verdad.

Siempre, finalmente, aparece la Verdad.

Para eso será necesario que no cese el deseo del encuentro.

La persistencia lleva al logro, ¿no es cierto?

Luego, renunciando también a la búsqueda, pretendiendo solo el encuentro, es como todo cae y surge el maravilloso acontecimiento.

Cuando hayas renunciado, cuando hayas dejado de buscar, surgirá el encuentro, el gran encuentro con Dios, el gran encuentro con tu propia Divinidad.

A la humanidad

No confundas el mensaje con el mensajero

Una cosa es el mensaje, y otra cosa es de dónde viene.

Un mensaje puede llegar de muchas maneras y de muchos lugares.

Puede ser algo que escuches, algo que leas, algo que aparezca como señal.

El portavoz de un mensaje puede no saber nada de lo que está transmitiendo, puede estar diciendo algo al pasar y sin saber por qué, y hacer llegar, de esa manera, aquello que el otro necesita escuchar.

También estarán aquellos que, siendo plenamente conscientes de lo que dicen, se acercan con el propósito de ayudar. Serán probablemente mucho más cuidadosos de la palabra, de lo que dicen, de lo que callan, de lo que hacen y dejan de hacer. Darán cuenta en todo momento y en todo sentido de la Verdad.

Debes tener cuidado de aquellos que, siendo conscientes de lo que generan en los demás, dicen una cosa y hacen otra, sin hacerse cargo de las consecuencias de sus palabras.

Son aquellos que harán todo lo posible para convencer; como no pueden, desde el silencio, mostrar la Verdad con el ejemplo, utilizarán el poder de sugestión para manipular y convencer a los demás.

De ellos hay que cuidarse, ya que tienen un alto poder de seducción que termina sugestionando a los otros.

Habrá que ser cuidadoso en no quedarse atrapado en mensajes esperanzadores que prometen salvaciones milagrosas.

185

Tú tienes el Poder, recuérdalo siempre. Tú tienes la capacidad de discernir entre aquello que es verdadero y aquello que no lo es.

Pregúntate, percibe a través de tus emociones, pide claridad a tu alma desde todo tu ser.

Nada pasa por casualidad

Todo aquello que atrae tu alma sirve al propósito Divino, al propósito de tu Ser para ir evolucionando.

Aun cuando creas retroceder, siempre avanzarás.

Todo suceso, persona, circunstancia en general, es atraída por tu alma.

Nada pasa por casualidad. Y así, lo que atrae tu alma, como las consecuencias que eso genera en ti y en los demás, va construyendo el diario vivir de tu realidad.

Es ley

La mentira cae por su propio peso.
La verdad siempre sale a la luz.
Y el tiempo es el instrumento para que esto ocurra.

A la humanidad

Sé tu propio director

Todos los seres humanos actúan sus vidas tratando de cumplir con el guión escrito por otros, dirigidos por otro.

Todos son verdaderos actores de la ficción en la que viven sus vidas. Actores profesionales que eligen conscientemente representar un papel, o actores que no son conscientes del papel que interpretan, los seres humanos se pierden la posibilidad de vivir auténticamente sus vidas.

¿Te repito?: «Auténticamente sus vidas».

Ser auténtico significa responder al ser que ya se es, siendo honesto con la propia Verdad, manifestando la mejor versión de uno mismo.

Que el ser humano pueda vivir auténticamente su vida significa que nada ni nadie lo limite en sus elecciones.

Si piensas que esto es imposible, así lo será para ti.

No dejes que nadie te dirija, te diga qué hacer o qué decir.

Sé tu propio director, dirige tus pasos, dirige tu voz.

Rebélate y entrégate.

Rebélate a la dirección de tu mente, no te dejes por ella dirigir.

Entrégate a la dirección de tu alma, deja que sea ella la que elija por ti.

Una vez alcanzada la Verdad Absoluta ya nada ni nadie te dirigirán.

Ni siquiera tú mismo, desde tu ego o tu pequeño yo.

Entregado a las manos del Altísimo, a las manos del Amor, junto a tu alma, comandarán tu camino, la dirección de cada paso que des en él.

Por supuesto que no será fácil, deberá ser un acto de rendición, de entrega absoluta, de lanzamiento al vacío para ser rescatado por el Amor.

Desde allí, lo que sigue será más que fácil, porque si bien serás guiado y conducido, también tú participarás: desde el libre albedrío que encierra la incondicionalidad del Amor, harás tu parte siendo consciente de tu decisión.

Ilusión-desilusión

Para que alguien se desilusione, tuvo antes que haberse ilusionado.

Para que alguien se ilusione, debe creer que aquello que no es verdadero puede ser verdad.

Algo puede suceder o ser de verdad, esto significa que sucede fenomenológicamente, que algo es, pero aun siendo puede no ser verdadero.

Volvamos a un ejemplo del que ya hablamos: tú puedes comprarte la ropa más cara, la del diseñador más famoso del mundo, vestirte con esas prendas y que te queden muy bien. Te harán sentir elegante, seguro y hasta te podrás creer *importante*; esto es verdad, ocurre, puede estar sucediendo. Mas esto no es verdadero, ya que no dice quién eres, no habla de ti, de tu esencia, de tu ser.

La persona más peligrosa puede estar vestida de príncipe y la más inofensiva, disfrazada de mendigo.

Aquello que se muestra es verdad; aquello que hay detrás es lo verdadero.

De la persona que logra la absoluta coherencia entre ambas partes se dice que es un ser íntegro. Coincide lo que muestra con lo que es; la verdad y lo verdadero son lo mismo, y forman parte, a la vez, de la Gran Verdad:

- la esencia del Ser va más allá de las formas;
- no hay nada que lo represente, solo es;
- no se lo puede ver con los ojos del rostro, sino con los ojos del alma abiertos al Amor.

Ilusiónate para desilusionarte.

Y desilusiónate para ver la Verdad.

La mirada de los otros

Consciente o inconscientemente, las expectativas responden a la mirada de los otros, a lo que dicen o puedan llegar a decir los demás, a lo que se imaginen o pregunten, es decir, siempre serán los otros quienes comandarán la vida desde ese lugar.

Estas expectativas pueden venir desde afuera en forma explícita o estar internalizadas y ser esa voz perfeccionista que termina siendo el peor enemigo del hombre.

A pesar de que el ser humano trate de justificarlo definiéndolo como autosuperación, porque está convencido de que esa parte perfeccionista es buena consejera, esto no es así. Siempre que haya una intención de autosuperarse, será un intento fallido del ego.

¿Por qué fallido?

Porque es imposible superar lo insuperable, es imposible perfeccionar lo que ya es perfecto en sí: el Ser es y punto.

En cambio, el yo, ese pequeño que responde al gigante ego, es el que está en falta, insatisfecho, incompleto, con necesidad de superarse.

Siempre que surja el querer superarse, será en función de un otro (externo o interno) con el cual competir.

Si no, ¿de qué tipo de superación estaríamos hablando?

Surgirá así la competencia con el otro o con uno mismo.

De esta manera se cae en la loca ilusión de creer que se puede ser mejor o peor que los demás, que existe el ser superior o inferior por comparación.

Se emprende una carrera sin fin, enceguecedora y despiadada, por tener, ya que, cuanto más se tiene, más se quiere, nada alcanza y siempre se puede tener más.

Por eso, querido hijo, tienes dos claras posibilidades, dos caminos frente a ti: el camino del tener o el camino del Ser.

Para Ser, se es y punto. Para eso hay que descubrir primero qué es el Ser, porque, de lo contrario, se caería de nuevo en la ilusión de que existe una fórmula mágica para llegar a Ser.

Decir que hay que *llegar a Ser* es una falacia, en la que *llegar* supone un camino, una distancia que hay que recorrer porque ese lugar está en otro lado.

Si bien esto requiere de un proceso que responde a la lógica del tiempo y el espacio, no es algo que se deba alcanzar o que se deba *tener que*, ya está en cada ser humano. Sin embargo, a los hombres parecería encantarles jugar la carrera por *llegar a ser*.

¿A ser qué?

A ser... suficiente. Es una carrera por llegar a ser suficientemente...

Suficientemente... lindo.

Suficientemente... bueno.

Suficientemente... inteligente.

Por no reconocer que ya se es aquello que se busca, se emprende una carrera hacia la nada, un camino sin sentido donde se busca lo que ya se es, creyendo no ser. Es así como, al principio, los encuentros son verdaderos desencuentros. Al iniciar la búsqueda, se encuentran todos aquellos señuelos, todo aquello que se cree que hay que tener para ser... suficiente.

¿Tú crees que Yo, siendo un Dios amoroso, lleno de compasión, tan omnipotente y de absoluta Perfección, puedo crear al ser humano *insuficiente*? Sería algo verdaderamente malévolo,

perverso, crearlo de tal manera insuficiente para que viva pade-
ciendo de semejante imperfección.

Una vez más, de ti depende si vives tu vida obsesionado por
la mirada de los otros, transformándola en expectativas, o disfru-
tas de tu viaje por la Tierra para descubrir quién ya eres.

Las máscaras del ser

Cuando se produce el gran encuentro Conmigo, el verdadero encuentro con tu propia Divinidad, es factible que ya nada te importe.

Cuando digo *nada* me refiero a lo que antes fue *todo*: dinero, fama, reconocimiento, poder, prestigio, etc.

Todo esto se desvanece como un espejismo, como ilusión, y deja de importar en tu vida. Debes tener cuidado de que no por eso, al mismo tiempo, pases a engordar tu ego. Me refiero a que, a veces, hasta la propia espiritualidad, el querer ser tan bueno, generoso o bondadoso, esconde una profunda soberbia, en la que el ego enmascarado de esta supuesta santidad se esconde tras semejante fachada.

No se trata de que esté bien o mal, de que sea mejor o peor. Se trata simplemente de responder a la famosa pregunta:

¿Eres feliz? ¿Crees que eres feliz siendo *mejor que…*?

¿Te hace verdaderamente feliz *tener más que…*?

¿Eres feliz tratando de superar a los demás, o siendo más o menos reconocido?

¿Eres verdaderamente feliz?

Una cosa es estar contento, con la exaltación lógica que genera esa sensación de adrenalina, de sentirse poderoso, grande.

¿Cuánto dura esta sensación en tu cuerpo? ¿Reconoces que solamente es cuestión de efímeras y superfluas sensaciones físicas?

¿Puedes ver todo el esfuerzo, el sacrificio y el tiempo que invierte el ser humano por ir tras todo aquello que, en definitiva, lo único que le genera son solamente sensaciones?

Sensaciones que aparecen y desaparecen...

¿Cuánto dura la sensación de aquel que levanta un trofeo, de aquel que gana la medalla de oro, de quien gana un cheque con una cifra seguida de muchos ceros?

Por supuesto que podrá comprar muchas cosas, tal vez tenga más ofertas de trabajo y hasta se hará famoso, pero ¿por cuánto tiempo?

Los egos humillados de aquellos que desearían estar en ese lugar siempre saldrán a criticar, desearán tener lo que el otro tiene, sentir lo que se siente ser supuestamente un ganador.

Frente a la crítica despiadada de los egos, frente a la envidia y a los celos, surge nuevamente el dolor. Entonces, aquel supuesto *ganador* tiene que emprender una nueva carrera: por un lado, para conservar lo logrado, y por otro, para avanzar un poco más hacia el próximo desafío; por ejemplo, otra medalla de oro, ya no alcanza con la medalla nacional, ahora será necesaria la internacional, o un cheque con más ceros, u otro premio, y más, más y más.

Interminable. La carrera se vuelve interminable. Egos, obesos egos, regodeándose de vanidad, encubierta o no, consciente o inconscientemente.

Todo aquello que se busque para ser mostrado es un triunfo del ego, puro ego. Volvemos a lo mismo: más allá de lo bueno o lo malo, de lo que esté bien o mal, ¿eres feliz, eres verdaderamente feliz? No te estoy preguntando si estás contento, quiero saber si eres feliz.

Ser y *estar*, si bien se complementan, no representan lo mismo.

Ser tiene que ver con un estado, es permanente e inmutable.

Estar se puede estar y al momento ya no estar allí, aparece para luego desaparecer.

Ser se está siendo siempre, es eterno (sin tiempo).

Estar responde a la mutabilidad del tiempo y el espacio terrenal.

¿Cuánto tiempo más te seguirás esforzando, cuánto más te sacrificarás para estar un ratito contento?

Euforia, excitación, exaltación, entusiasmo, adrenalina, éxtasis, son todas sensaciones que surgen para desaparecer. Aparecen, se sienten durante unos segundos en el cuerpo y listo, ya está. Cual montaña rusa, podrás sentir en la subida toda esa gran excitación que será de igual, o hasta mayor intensidad, en la bajada.

Arriba-abajo, más-menos, superior-inferior, son todos términos que utiliza el ego para vanagloriarse o autocastigarse: «Otro fue el ganador», «Otro venció», «Otro ha sido el mejor», se dice a sí mismo el ego derrotado.

Ganar-perder, vencedor-vencido, también dan cuenta de un camino de mentiras e ilusión.

¿Quién dice que por ganar un concurso –cualquiera que sea– se es mejor? ¿Cómo puede comprobarse ese ser mejor? ¿Ser mejor que quién? Además, si te pones a pensar que un concurso es apenas una muestra, un recorte de lo que existe en el mundo, ¿cómo creer que por competir dentro de esa muestra se puede ser el mejor? ¡¡Qué locura!! ¡¡Cuánta vanidad, cuánto dolor!!

¿Y si te digo que el dolor también es ilusión, y que en verdad no existe, que existe solo como dolor del ego? El ego es el único que puede creer ser lastimado, herido, ya que el alma –el corazón está conectado con el alma–, reconoce su esencia, que es Amor, puro Amor.

El Amor en su estado más puro, que como característica primordial es invulnerable, es la fuerza más poderosa que existe, que no reconoce separación ni división, que ve en todo la igualdad, la Unidad que conforma al Uno de la Creación.

¿Cómo el Amor podría ser mejor que otro Amor?

¿Te imaginas al Amor compitiendo?

¿Cómo medirlo, cómo evaluarlo, cómo juzgarlo?

Todo lo que se valúa, se devalúa, porque lo que tiene un verdadero valor no puede ser medido ni cuantificado, solo posee la cualidad de ser valioso *per se*.

¿Cuánto vales?

En la misma pregunta ya está escrita la respuesta: tu propia devaluación.

«Hazte valer», «haz que te valoren», ¿escuchaste alguna vez este querido consejo? Por un lado, ya en la premisa del «hazte valer» está implícita la condena de no ser suficientemente valioso, ni siquiera para hacer que te valoren. Por otro, se ingresa en un camino engañoso, donde los pseudovalores entran en el juego de la negociación y el autoengaño: tanto tienes, tanto vales. Terrible, triste y confuso camino del tener-tener.

¿Se puede comprar la felicidad?

¿Dónde la venden?

¿Cuánto cuesta y quién la da?

Locura. Necedad.

Dolor = necesidad

Cuando sientes dolor es porque has creído en la ilusión, en el espejismo de la carencia y de la necesidad. Sería maravilloso que pudieras registrar en qué momento surge ese dolor, ese malestar.

En la cotidianeidad de la vida, el ser humano, anestesiado, que corre de un lado al otro sin parar, es bombardeado por millones de mensajes. Algunos expresados abiertamente, y otros, en forma encubierta.

Todo el tiempo está expuesto a que se le venda la *fórmula del éxito*, la *receta* para alcanzar la felicidad, como si la felicidad fuera algo que se pudiera comprar o adquirir cual objeto y hasta se pudiera guardar.

Como si el éxito fuera un bien en sí mismo, algo con existencia real.

¿Quién determina qué es éxito? Lo que hoy puede ser un éxito para una persona, puede terminar siendo su peor fracaso personal.

Si crees en el éxito y en el fracaso, hijo mío, estás perdido... Ambos son conceptos que surgen de la cultura y de la historia de vida de cada uno.

El éxito y el fracaso son cuantificables, se los puede medir, y, por lo general, se hace según la cantidad de ceros que haya en la cuenta bancaria.

¿Eres linda? Pues lo serás en cuanto hayas facturado lo suficiente negociando con tu belleza, o hayas conseguido el mejor candidato dueño de una fortuna que la pueda comprar.

¿Eres inteligente? Pues tendrás éxito en tanto y en cuanto esa inteligencia te permita ganar mucho dinero, lograr títulos prestigiosos y ascender en la gran escalera gerencial.

Una cosa es que el dinero sea la *consecuencia* y otra es que sea la *causa*.

Si vives por y para el dinero, será tu amo, tú serás su esclavo, y cuanto más grande sea tu fortuna, más poderoso se volverá tu amo.

En cambio, si vives acorde con tu propósito existencial, será inevitable que vivas en la abundancia, tanto material como espiritual.

No tienes que vivir disociando materia y espíritu, recuerda que Dios es todo lo que Es.

Lo que ocurre es que en la vorágine cotidiana, el hombre no se ha detenido a pensar cuál es ese propósito, y *compra* lo que tiene más a mano.

¿Qué es lo que tiene más a mano? Todo lo que el sistema quiere venderle lucrándose con su propia ignorancia.

¿Quieres conseguir la mujer de tu vida? Pues cómprate este coche.

¿Quieres ser la más linda de la fiesta? No pueden faltarte los zapatos y la cartera de la última colección.

¿Quieres ser verdaderamente feliz? Pues tienes que tener esto y aquello y lo otro también. Tener, tener, tener.

El ser humano vive engañándose cada vez que va en búsqueda de todos esos espejismos que le prometen alcanzar lo que cree no tener. Y cree no tener porque no sabe que no se trata de tener, sino de ser. «Ser para tener». «Se es feliz para tener felicidad». «No se puede tener felicidad para ser feliz». ¡¡Esto es una verdadera locura!! Una real incoherencia.

Ahora, si dijéramos que la felicidad es algo tangible, que se la puede comprar, entonces, sí, cómprate toda la felicidad que puedas, para lograr ser feliz...

Como, afortunadamente, la felicidad no es algo negociable, que se puede comprar y vender, solo se trata de descubrir cómo alcanzarla.

Cada vez que sientes dolor es porque te crees necesitando, lo que sea (dinero, ropa, un auto, una pareja, un título, etc.). Sientes desdicha porque crees que algo te falta. Caminas por un sendero lleno de ilusiones que, cual espejitos de colores, te enceguecen y te confunden más y más.

Disfruta de todo lo que la vida te ofrece, incluyendo todos los bienes materiales, por supuesto que puedes hacerlo. De ti depende adquirir algo que te guste y que te sea de utilidad, o adquirir algo porque crees que lo necesitas. Recuerda, siempre recuerda:

- nada necesitas pues todo lo eres;
- el camino del tener empieza por ser;
- el camino del ser empieza por reconocer quien ya eres.

No se trata de ver para creer, sino de creer para ver

Cuando te lastimas, maltratándote de la forma que sea, es cuando crees que no hay suficiente Amor.

¿Crees que no te amo, crees que me he olvidado de ti?

¿No será que tú te has olvidado de Mí, no será que has olvidado tu propia divinidad? ¿Qué crees necesitar, qué crees que te falta?

Recuerda que Dios es todo lo que es.

Podrás encontrar la Divinidad en cualquier parte, en cualquier momento y lugar. En donde poses tu mirada, allí estaré, dependerá de ti que me puedas ver, dependerá de tu confianza y tu fe para poder hacerlo.

No se trata de ver para creer, sino de creer para ver.

En ese sutil detalle yace la gran diferencia.

Por eso, piensa en lo que crees, y en aquello en lo que quieres creer.

Los deseos, cuando emanan del corazón, siempre son deseos de amor, que eligen el bien mayor por encima de todo. Entonces, lo que quieras creer estará en consonancia y en relación con lo que dicta tu corazón.

No temas, por ende, creer también en aquello que deseas, es una excelente manera de hacerlo realidad. Ten en cuenta que el creer no es un simple acto racional, no es simple juego de la mente. Creer es actuar como si ya sucediera.

Es sentirte como te sentirías si aquello que deseas ya estuviese cumplido, ese es el secreto para que se haga realidad.

Al tener la certeza de que sucederá, al instante se siente la alegría por lo que vendrá.

Difícil, ¿no? No por eso imposible. Dependerá de tu fe, de tu confianza y de tu entrega. Si tienes fe, no habrá ninguna duda que perturbe tu confianza. Sabes que aquello que deseas, aquello en lo que crees, sucederá.

¿Quieres creer que tu vida será maravillosa?

Actúa como si ya lo fuera, siéntelo en todo tu cuerpo, que tu rostro dé cuenta de esa verdad. Haz aquellas cosas que harías si estuviera sucediendo ahora. ¿Adónde irías, cómo hablarías, qué actitud tendrías?

Refleja todo cuanto puedas al manifestar aquella verdad que quieres que así sea... Y así será.

El interés viene del ego, el ser viene del alma

Cuando llegas al encuentro con tu alma, se revela ante ti todo lo que necesitas saber para avanzar en armonía con el Universo.

Ya no será necesario empujar ni ejercer ningún tipo de fuerza para que algo ocurra.

En ese dejarse llevar en el que todo fluye, existe una colaboración, una tarea en conjunto, no desde el sacrificio o el esfuerzo, sino desde el Ser.

Cuando se llega al encuentro con el alma, todo interés cae.

Esa caída no es un acto voluntario. Así como el fruto cae cuando está maduro, así caen los intereses del ego cuando se conoce la Verdad que habita en el alma de cada ser humano. Por eso surge ese desinterés por todo lo que antes era sumamente interesante. Ya nada es igual, ya nada atrae de la misma manera.

Cuando al ego le interesa algo, hará lo que sea para obtenerlo.

Cuando lo obtiene, siente la gratificación a través de las sensaciones que registra en el cuerpo.

¿Cuánto dura esa sensación en el cuerpo? El ego la revivirá una y otra vez, con tal de sentir esas sensaciones que fueron agradables, pero después de un tiempo, pasarán.

La cualidad característica de las emociones es que surgen para desaparecer, por ende, es normal que así sea. De allí que aparezcan nuevos intereses para el insaciable ego.

El interés supone cálculo, estrategia, planificación. Todo en nombre del sacrificio necesario para obtener lo que interesa. En cambio, cuando surge desde el Ser, hay compromiso, armonía y fluidez.

Cuando aquello que hagas contenga tu alegría y tu entrega, independientemente de los resultados, estarás cumpliendo con la voluntad de tu alma y no de tu ego. Ya no será el interés sino la entrega la que determine cada paso en tu forma de actuar.

El proceso será lo más importante, cumplir con la tarea será la mejor oportunidad de recorrer el camino elegido. Los resultados ya no podrán ser cuantificables, aunque haya muchos «muy bien, diez», aunque esté lleno de supuestos resultados.

Al final, lo único que importa es el objetivo logrado desde el alma, desde lo más profundo y verdadero del Ser.

Ese es el secreto de poder disfrutar de la vida, de lo que hagas a cada paso, en cada momento y en cada decisión que elijas tomar.

La comunicación con lo divino está desprovista de todo ego

Aquellas personas que están ubicadas en un lugar narcisista o egocéntrico no pueden escucharme ni reconocer mi voz en ellos. Curiosamente, son los primeros en señalar y juzgar a los que sí pudieron. Por supuesto, esto no es de ahora, la historia de la humanidad está teñida de este tipo de necedad, por la cual es más fácil criticar y enjuiciar lo que no se entiende que ponerse a investigar.

Avanzar en el camino del descubrimiento, alcanzando aquella sabiduría que viene del alma, es renunciar al juicio, a la crítica y a la condena hacia uno mismo y hacia los demás.

Al principio, será la razón la que reconocerá sus limitaciones, al decir: «Solo sé que nada sé». Una vez rendido ante su propia vanidad, será el ego el que dará lugar a los sentidos y al cuerpo, desde su extrema sensibilidad, para dar cuenta de que existe un saber al que se accede desde otro lugar, donde el camino lo marcan la sencillez y la humildad, reconociendo ser uno más.

Este es el punto decisivo que no cualquiera se atreve a cruzar, ya que hacerlo supone dejar de lado todo tipo de arrogancia y reconocer que nadie es especial. Para el narcisista y el egocéntrico esto es terrible, experimentan una especie de muerte ante semejante resolución.

Déjame decirte una cosa: nadie que se sienta o pretenda ser especial es verdaderamente feliz. Y si encima lograra ser elegido en aquello que busca, mucho más garantizada estará su infelicidad. Si una persona quiere ser la *mejor* buscando competir con los demás en lo que sea, lo peor que le puede pasar es lograrlo, porque los resultados le harán creer que sí se puede ser *mejor que*, ser diferente, ser especial. Nada más lejos de la Verdad Universal, donde todos son uno más y donde no son los resultados cuantificables los que se buscan, sino la dicha alcanzada en el desarrollo de la tarea.

Haz tu tarea por amor a ella. Si lo haces para ganar lo que sea, pero ganar gracias a ella, terminarás odiando aquello que en su momento amabas, porque todo lo que se coloque como un medio, como una excusa, tarde o temprano, cae. No por ello deja de ser importante, sino que simplemente debe ser el medio que te facilite, mientras realices tu tarea, la posibilidad de honrarla, sintiéndote bendecido por ello.

Por ejemplo, si practicas un deporte porque amas hacerlo, no está mal que entrenes y participes de alguna competición. Será esa competición la excusa perfecta que te permitirá entrenar con mayor disciplina, con más rigurosidad. La competencia, tarde o temprano, terminará, y no por eso dejarás tu elección, ¿o sí?

En definitiva, déjame decirte algo más: aquellos que por su narcisismo se ubican desde esa búsqueda ilusoria por demostrar y demostrarse ser mejores que los otros, son las personas más vulnerables. Así como lo oyes.

Su extrema vulnerabilidad los lleva a negarla desde la propia soberbia.

No poder reconocerlo hace que utilicen todo aquello que sirva para tapar y disfrazar la Verdad. Si reconocieran su propia vulnerabilidad los llevaría a cuestionarse, a poder interrogarse sobre su propia vida y la de los demás. Esto es aceptar la sensibilidad como parte de la naturaleza humana, y es ella la que abre el camino de la búsqueda y del encuentro, hasta llegar al punto final de descubrir la propia invulnerabilidad.

De lo vulnerable a lo invulnerable.

De allí, a la dicha total.

Un error de concepto

El problema que esconde el reconocerse vulnerable es creer que esto tiene que ver con la debilidad, es pensar que si se exponen los sentimientos se pondría en peligro lo más deseado y, a la vez, lo más sabido por todos los humanos: que están buscando Amor.

Solo se trata de un error de concepto, porque la gran mayoría busca sentirse amado, y no precisamente amar. Esto daría cuenta de una necesidad, y a nadie le gusta mostrarse necesitado. Podría, con suerte, llegar a aceptarse que se desea ser admirado o reconocido, pero ser amado... ¡por favor! ¿Quién necesita de eso, verdad?

Así, enredado entre tanta confusión, el ego, enmarañado, se aleja cada vez más del Amor, del verdadero Amor incondicional. Aquel que solo se puede alcanzar reconociendo la esencia del ser humano, reconociendo aquello que los hace ser Uno desde la Unidad.

Ya no hay separación ni diferencias especiales, desde allí todos son uno más. Desde allí se reconoce que, al ser aquello que se busca, al ser el Amor, solo puede darse, solo puede compartirse desde la fraternidad y desde la Verdad, donde todo narcisismo cae, donde todo egocentrismo no tiene más lugar donde habitar.

Cuestionar la tarea

Si realizas tu tarea en consonancia con el propósito de tu alma, esto resultará natural para ti. Al ser natural, no tendrá sentido que te cuestiones aquello que haces, porque el que cuestiona no es ni más ni menos que tu ego.

¿Por qué crees que tu ego tiene que ver en todo esto?

¿Crees que el ego soportaría lo simple, lo natural?

¿Crees que le atrae la simpleza de hacer lo que sea como algo más?

¡No! Al ego hay que adornarle cada situación, decorarla, prepararse para ello, y lo más importante, ¡contárselo a los demás!

Si bien llegará un momento en el que compartirás tus trabajos con otros, no necesitarás estar anticipándolo con comentarios.

Esas serán claras señales de que tu tan temido ego no estará participando en el asunto. Además, te recuerdo que en la comunicación con lo Divino no hay lugar para él.

El camino que lleva a la pregunta

El camino de la pregunta le genera angustia al ser humano. Por un lado, lo lleva a reconocer su propia ignorancia, ese no saber que da cuenta de su necesidad. Por otro, obliga a bajar de su pedestal al querido ego que, a través de la razón, todo lo quiere saber.

Deberá soportar la espera para que aquellas preguntas abiertas se vayan respondiendo en el andar.

El tiempo es el mejor aliado para acceder a esa sabiduría conocida desde siempre, pero por algo olvidada.

El querer saber desde el intelecto, desde la razón, muchas veces está movido por la curiosidad, o por el querer ser mejor, más inteligente, tener más información, y así adquirir más y más conocimiento.

¿De qué saber se trata aquella acumulación de información? ¿Se puede medir, pesar, cuantificar, el verdadero saber? ¿Se puede calcular?

¿Qué es ser inteligente? ¿Has visto que a aquellos que se han destacado por su extrema inteligencia, en muchos casos, les cuesta amar?

¿Sabes por qué?

Por ignorancia, por soberbia, por necedad.

Ignoran que hay una gran diferencia entre el *saber*, como simple acumulación de datos e información, y la *sabiduría*, que comprende no solo el intelecto, sino todos los sentidos del Ser.

Es una sabiduría poseída, aunque olvidada, por todos los seres existentes en la Tierra.

Son las preguntas y no las respuestas las que guiarán el andar.

A medida que el ser humano avance, encontrará las respuestas que caerán, cual fruto maduro, en su justo momento y en su justo lugar.

Los dos caminos

Hay dos caminos posibles frente a una pregunta:

- Se la intenta responder lo más rápido posible.
- Se la deja abierta para que, desde el vacío, atraiga todo aquello que ayude a responderla.

Si se elige el primero, es probable que se busque información en lugares que, en vez de informar, terminen desinformando, como ciertos comentarios de otros, opiniones y prejuicios. Esto generaría más y más dudas, más y más preguntas se sumarían a las ya formuladas, y, en consecuencia, traería confusión en lugar de la paz, la armonía y la serenidad que conlleva la respuesta cargada de Verdad.

En cambio, si eliges el segundo camino deberás ser lo suficientemente paciente y confiar en que todo se responderá a su debido momento y manera, y que no quedarán dudas.

Será lo que genere, a nivel emocional, la brújula que determine de dónde proviene la respuesta obtenida. Si viene de un lugar de plena sabiduría, traerá consigo alivio, serenidad, y la absoluta certeza de que es esa y no otra la respuesta esperada. Serán los sentidos del cuerpo los que ayuden a discernir de dónde vienen las respuestas, y será esa la manera de elegir la Verdad.

El camino del dolor

El camino maravilloso que abre el dolor es el tesoro que solo aquellos valientes corajudos lograrán encontrar. Lamentablemente, muchos abandonan a mitad de camino, prefieren buscar un salvavidas antes que aprender a nadar. También están los que ni se atrevieron a comenzar, aquellos que, por no cuestionarse absolutamente nada, terminan extraviados y perdidos en la vida.

De medios y fines

Dentro del Plan Perfecto, todo tiene su tiempo, su momento y su lugar.

Cada acontecimiento es perfecto, preciso y exacto para lo próximo que sucederá. De allí, una más de las tantas dicotomías divinas, en la que todo se produce en función del libre albedrío, de la libertad de elección de cada ser humano y la Voluntad Divina unida al propósito más elevado del alma.

Como no existe el equívoco ni el error, tampoco existe un camino mejor o peor.

Todo pasa a ser la excusa perfecta para avanzar en el camino de la evolución, todo pasa a ser un medio y un fin en sí mismo.

El medio es ese puente que hace falta para llegar al fin.

Y el fin es ese propósito, esa razón de ser, que pasará a ser un nuevo medio cuando finalmente sea alcanzado.

¿Cómo es vivir en lo eterno?

El eterno presente es ese eterno regalo que cada uno de vosotros se puede dar. Es ese regalo que significa estar en el aquí y ahora.

¡Es tan difícil definir cómo atrapar ese tiempo del aquí y ahora!

Porque cada vez que haces el intento, se va, se va una vez más, para recomenzar ahora.

En el instante que terminas de decir «aquí y ahora», ese «aquí y ahora» que nombraste ya es pasado.

De la misma manera, un aquí y ahora futuro es también imposible de atrapar, de tenerlo como realidad hasta que no se haga presente, hasta ese momento no tiene existencia real, es una mera posibilidad.

Así, el pasado y el futuro pasan a ser posibilidades que dan lugar a especulaciones, ya que nada puede hacerse con lo que aún no está.

Solo existe el presente que surge en el aquí y ahora como chispa infinita. Es un presente que puede ser vivido como realidad y no como simple ilusión. Es en este aquí y ahora donde sabes que puedes encontrarme, donde sabes que puedes hallar la Verdad.

Podrás comenzar a sentir la vida no desde la fugacidad, sino desde la veracidad que otorga lo eterno.

Ser y estar en el aquí y ahora, permanecer y atravesar la otra realidad, es vivir en la Unidad infinita del *es*, ya no como espejismo ilusorio de un ideal, sino como realidad absoluta del alma.

No hay diferencia entre tú y yo

Se trata de otra dicotomía Divina, donde todo responde al Uno, y a la vez existe la individualidad de las almas. Es decir, estamos aquí y ahora hablando cada uno por separado, pero estamos en todo momento unidos en la Unidad.

Que te conectes con tu Yo superior, con tu alma, con la esencia de tu ser, es, ni más ni menos, que te conectes Conmigo, que te conectes con Dios. Desde allí, no hay diferencia entre tú y Yo.

Estamos hablando desde el Uno, pero como también es cierto que es muy difícil para el ser humano vivir cada minuto, segundo a segundo, la charla se hace dividida, por separado, y entonces aparecen dos voces.

El título de este libro encierra el mensaje que tiene que ver con esto.

Habla con Dios es justamente reconocer esta Unidad, desde donde se accede a la propia Divinidad.

Esto es un derecho y un privilegio, ya que todos pueden acceder a ello, pero no todos eligen hacerlo.

Elegir hablar Conmigo y acceder a la propia Divinidad, es haber atravesado todas las capas de la carne, de la materia y de la mente del mundo humano hasta llegar al espíritu. Como las capas de una cebolla, se tratará de ir sacando, una por una, hasta llegar al corazón donde yace la raíz, donde la Verdad absoluta ya no será solo una idea o un concepto, sino que será experiencia pura desde la integridad del Ser.

Habla con Dios es una invitación a hacerme entrar en la vida de todos y cada uno de los seres, como parte activa y no solamente como un observador. Si bien estoy en todo momento, como Dios omnipotente y omnipresente que Soy, solo si Soy convocado actuaré participando en absoluta colaboración.

Recuerda que el Amor inmensamente incondicional que siento por mi Creación, concede a todos por igual ese libre albedrío que hace que cada uno elija en su vida los próximos pasos que va a dar.

Puedes hacerlo solo o acompañado, puedes hacerlo con los ojos bien abiertos en plena luz o en total oscuridad. Igualmente debes saber que es imposible que puedas estar del todo solo, cada uno de vosotros tiene como esencia la propia Divinidad, son la luz y Yo siempre estaré allí. La diferencia es que vosotros no lo sabéis, en verdad lo habéis olvidado.

Si pudieras contar Conmigo como un buen amigo, tu camino se haría más fácil, podrías disfrutar día a día de la vida, vivirías el paraíso aquí en la Tierra.

Se puede, pruébalo.

Yo te invito: Habla Conmigo. Habla con Dios.

Cuando sobran las palabras

En el momento en que estés conectado con el Amor Universal, las palabras ya no serán necesarias. El silencio será, entonces, la mejor conexión. Resultará imposible describir tan inmenso sentir. Aquello imposible de decir, eso es el Amor en su versión más pura, cargada de verdad. ¿Qué decir frente a tal majestuosidad?

Solo el silencio será testigo de la contemplación que surge como única posibilidad de experimentación desde lo humano. Toma esto como referencia para poder verte y ver con más claridad, para aprender a escuchar la Verdad.

Cada vez que te escuches hablando y hablando sin parar, reconoce en ello la distancia que te separa de la Verdad, de aquella que te pertenece y que habla de ti.

Cuantas más palabras utilices, más lejos estarás.

Como no podía ser de otra manera, no será sin eso. El camino del silencio, al principio, está lleno de palabras. Palabras que, a medida que se van cargando de Verdad, se hacen cada vez menos necesarias. Y se llega al punto donde ni siquiera alcanzan. Aquello imposible de decir, eso es Amor. Eso es Dios.

La devolución del universo

El Universo, continuamente, te muestra quién estás siendo a cada momento. Cada cosa que te sucede, por pequeña o grande que sea, habla de ti.

No solo te mostrará, aquello que estás atrayendo, sino que también te permitirá volver a elegir.

Eso significa que ante cada situación que experimentes tendrás la posibilidad de decidir quién quieres ser frente a eso.

Supongamos que alguien te ha estafado o engañado, no solo deberás interrogarte acerca de tu propia honestidad, sino que tendrás la posibilidad de elegir qué parte de tu ser quieres experimentar frente a eso. En esos casos debes preguntarte si quieres pagarle con la misma moneda y actuar así desde la venganza y el rencor, o si, por el contrario, quieres dejar que la propia vida haga lo suyo con aquel que se ha comportado de esa manera.

Ya no será la reacción la que te lleve a actuar en consecuencia, sino tu propia elección de quién quieres ser a cada momento.

Piensa que todos los acontecimientos son oportunidades maravillosas para que hagas uso de tu libre albedrío. Si eres contemplativo de tu propia vida, observarás en vez de reaccionar ante cada cosa que te suceda. Así vivirás con total conciencia cada minuto de tu diario existir.

Esto es lo que diferencia el *vivir la vida* del simple *transcurrir*.

Tú decides, de ti depende la decisión.

Amistad

Si te pones a pensar qué representa la amistad, para qué se juntan los amigos, descubrirás que, a cierto nivel de evolución del Ser, aquellos desaparecen como necesidad.

Deberás entonces preguntarte desde qué lugar convocas a tus amigos. ¿Para no sentir la soledad? ¿Para ser escuchado, comprendido y apoyado? ¿Para matar el aburrimiento? ¿Para generar afectos especiales?

Porque no vas a negar que con los amigos siempre hay diferencias, ¿o no? Siempre habrá favoritismos entre los amigos.

Si bien es bueno contar con alguien, primero debes contar contigo mismo, y ten por seguro que muchos de los que necesitan de amigos, no pueden contar con su propia persona, se sienten solos y necesitados.

No necesitar no significa creerte omnipotente o mejor que los demás, todo lo contrario, significa que confías en ti y en tu propia Divinidad. Sabes, bien sabes, que si de algo o de alguien has de precisar, todo estará a tu disposición, para colaborar.

Es lógico que, a lo largo del camino, el ser humano vaya compartiendo junto al otro. La vida es con los otros, compartiendo, descubriendo, disfrutando. También, confrontando y viéndose reflejado en el espejo de las relaciones, para avanzar. Pero, cuanto más te reúnas con amigos para pasar el tiempo, más te alejarás de tu propia realidad.

El ser humano espera encontrarme como sí me hubiese perdido. Solo estando perdido comienza a buscarme. Y solo al dejar de buscar, logra encontrarme

De allí que aguarde y espere pacientemente la llegada del ser al lugar del cual nunca se fue, a su centro maravilloso y provisto de todo cuanto es, de todo lo que siempre fue y lo olvidó, de todo cuanto tenía y, sin saberlo, rechazó.

Buscando afuera, perdido, enloquecido de tanto pensar, elucubrando, calculando, justificando lo injustificable, buscando y buscando sin parar.

«Hice todo lo que pude», dice alguien justificando su forma de actuar, sin hacerse cargo ni siquiera de preguntarse: «¿Qué hice en verdad?».

Es fácil creerle al ego, que le dirá al oído al pobre hombre: «Muy bien, vas muy bien, lucha, empuja, no te resistas, ¡tú puedes!».

Cuando sientes que estás forzando algo en tu vida, que estás haciendo algo desde el sacrificio... no es por ahí.

Esa es una clara señal de que estás errando el camino.

Aunque pienses que se trata de eso, créeme, no es por ahí. Incluso cualquier sacrificio que se haga por amor, deja de serlo. Hasta deberías agradecer cada oportunidad que se presente para brindarte por entero desde la incondicionalidad y el desinterés. Hacer lo que tengas que hacer por el simple hecho de hacerlo.

Piensa, por ejemplo, en la vida de aquellos que se dedicaron por completo a servir a los demás, como la Madre Teresa. Desde fuera puede verse una vida de puro sacrificio; sin embargo, la Madre Teresa, al dedicar cada día de su vida a ayudar al prójimo, lo hacía por amor, por amor a Dios. Ella veía en cada ser humano el sufrimiento de Cristo y podía llegar a través de la mirada al alma del que sufría. Si bien es cierto que llevaba una vida de trabajo, de constante disciplina, todo lo hacía desde el Amor. ¡Cuánta nobleza! ¡Cuánta generosidad!

Por eso no hagas sacrificios, de lo contrario, tarde o temprano, te reprocharás esa actitud. Haz todo por amor, por el amor que eres y que sientes.

Si sufres, si padeces lo que haces, si debes todo el tiempo calcular, empujar, forzar, convertirte en un verdadero estratega, créeme, ¡no es por ahí!

¿Por dónde?

Detente, mira tu vida, obsérvala.

¿Para dónde vas? ¿Qué estás buscando? ¿Qué quieres lograr? ¿Será que el sacrificio está en sostener todos los logros de tu ego, los títulos, todos y cada uno de tus bienes materiales, tu imagen perfecta, tu elevado nivel social, tu prestigio?

¡Sí... siendo así, ya lo creo que es un sacrificio! Es más que un sacrificio, ¡es una tortura!

Pero ¿para qué lo haces? A ver, puedes decirme de corazón a corazón: ¿para qué lo haces?

O, tal vez, mejor debería preguntarte para quién lo haces.

No debes responderme ahora, piénsalo para ti, o deja abierta la pregunta para que lo vayas descubriendo. ¿La vida de quién estás viviendo?

Cuando estás en el camino correcto, todo fluye, todo surge con total naturalidad. Por supuesto que no existen *correcto* o *incorrecto*, estos términos los utilizo para expresar, de alguna manera, lo que te hace sentir bien o lo que no te hace sentir tan bien.

Esa debe ser tu brújula.

¿Eres feliz? El camino que has elegido, ¿te hace sentir en paz, feliz de ser quien eres? ¿Es un camino que te hace sentir que puedes sacar lo mejor de ti, fluyendo, dejándote conducir por tu guía interior? ¿O vives atemorizado, especulando, preocupado de no saber qué puede pasar?

Dime cómo vives y te diré quién estás siendo en este momento.

Dime cómo piensas y te diré hacia dónde se conduce tu vida hoy.

Dime lo que buscas y te diré cuáles son los valores que hoy eliges para tu vida.

Dime lo que sientes y te diré cuán cerca o lejos estás de Mí.

Dime lo que ves a tu alrededor y te diré qué estás creando en tu vida.

Dime cuánto tiempo permaneces en silencio y te diré cuán acompañado estás de ti.

Dime nuevamente, ¿eres feliz?

¡Ojalá que sí! Dios quiera.

Yo quiero, ¿y tú?

Si hay solo imagen, hay ego

«Si hay solo imagen, hay ego».

¿Qué significa esto? Que cuando la imagen entra en juego en cualquier situación, aparece el querido ego.

Si bien el cuerpo físico es representado por una imagen, una cosa es lo fenomenológico de dicha experiencia, lo que naturalmente se ve, y otra cosa es querer exhibirse, la intención de mostrarse.

En cualquier situación o actividad donde se exponga la imagen aparecerá el querido ego a jugar su rol. ¿Qué rol? El de buscar ser el mejor, porque creyendo en la diferencia y sintiéndose insatisfecho, cae presa de la competitividad.

En la búsqueda del ilusorio reconocimiento, en el afán de ser querido, adulado y elegido, cae en el abismo de querer ser mejor y mejor.

Solo alguien que se sienta *menos* buscará ser *más*, ¿no te parece?

Solo alguien que se sienta imperfecto buscará la perfección.

Solo alguien que crea ser diferente buscará diferenciarse.

Solo alguien que crea que se puede ser mejor que otro buscará su contrincante.

Solo alguien que crea en las ilusiones buscará vivir de ellas y en ellas. Imagínate cómo sería la vida sin espejos, por ejemplo.

¿Te puedes imaginar tu vida sin espejos, o solo utilizándolos para lo indispensable, como ver tu rostro, ya que es esa la única parte de tu cuerpo que no te puedes ver por ti mismo?

¿Cómo sería la vida? Al no ver tu imagen refractada en un espejo, pierdes gran parte del control. No puedes ver cómo te queda la ropa, cómo combina el color de una prenda con el de otra, no puedes ver tu imagen total desde fuera. ¿Te imaginas un comercio de ropa sin espejos? Nadie compraría nada.

Espejos, puros espejos que refractan ilusión.

¿Qué ilusión? La de creer ser aquello que se muestra, la de creer que por verse de tal o cual manera, se es mejor o peor, se va a ganar o a perder.

Ilusiones, engaños que hace el ego para convencer. ¿De qué? De que cada vez se necesita más: más adornos, más ropa y más cara, joyas costosas, todo para parecer lo que no se es. ¿O tú crees ser una marca? ¿O tú crees ser una determinada ropa?

Puedes participar del juego de la imagen, por supuesto que sí, puedes comprarte prendas o adornos para tu cuerpo, accesorios, lo que sea. Pero recuerda siempre que es un juego, solo un juego nada más.

Tú no eres eso. El problema está, una vez más, en el «desde dónde» y en el «para qué».

El «desde dónde» dirá el principio. El «para qué» dirá el fin.

Desde dónde dirá el para qué. «En el principio está el fin».

Si quieres tener un bonito auto, ponerte una linda ropa o lo que elijas, está muy bien, y si esto te hace sentir más alegre, también está muy bien. Pero no creas que serás mejor de lo que ya eres por acceder a estos objetos, no creas que por cambiar algo de tu imagen cambiará algo de tu ser. Esa es la confusión en la que cae el ego, ese es el espejismo que cree ver refractado en el espejo.

De ti depende el lugar que le des. Y ese lugar tendrá un valor diferente.

¿Usas un auto porque te permite viajar de manera cómoda y rápida?

Sea...

¿Cambias de modelo para que, al ser más nuevo, ande mejor?

Sea...

¿Te compras otro porque el último modelo es más vistoso? ¡Ah!, y además se lo compró el vecino de enfrente y no puedes quedarte atrás, y también lo tiene aquel hombre poderoso... Piensas que no puedes no tenerlo, aunque tengas que ver cómo te las arreglas con la diferencia de costos, seguramente tendrás que trabajar más, te sacrificarás, pedirás un préstamo, no te importará endeudarte porque sientes que lo tienes que tener sí o sí. Esto cambia la cuestión, ¿no crees?

Desde dónde. Para qué.

Principio. Fin.

Si quieres cuidar tu cuerpo porque reconoces que en él habitas y deseas estar sano y fuerte, está muy bien que entrenes, que te alimentes adecuadamente, que cuides tu piel, que te hidrates y que hagas todo cuanto te ayude a mejorar tu estado físico.

Si lo haces por pura apariencia, para sobresalir y así llamar la atención, nada te alcanzará.

¿Me escuchaste? ¡Nada será suficiente!

¡Qué decir cuando pasen los años y envejezcas! ¡Te convertirás en la persona más desdichada del mundo, al tratar de enmascarar y disfrazar tu aspecto exterior!

¿Cómo? ¿Qué? El vacío, la ausencia.

¿Qué vacío? El del sinsentido, el de no saber quién se es, el de desconocer la esencia, la igualdad del Ser, la pertenencia de cada uno en la Unidad, de ser parte del Todo y, a su vez, ser el Todo, reconociendo la propia Divinidad.

¿Te imaginas a Dios buscando qué ponerse? O diciendo: «¿Cómo debo vestirme hoy, qué marca me sienta mejor?», «¿con qué auto parezco más poderoso, con cuál se me ve más ganador?».

¡Por Dios! —Nunca mejor dicho, ¿no?—.

Sería divertido. Gracioso y divertido, ¿no crees?

Esa sería una buena manera de pensar las cosas, ¿no te parece?

Preguntarte ante cualquier situación en que dudes: «¿Qué diría Dios al respecto?», «¿qué haría frente a esto?».

Así como Yo me pongo al nivel de humano en la comparación anterior, tú también debes ponerte a nivel de Dios, porque eres Dios, eres la propia Divinidad materializada, eres mi Creación, eres la Perfección hecha humanidad, y desde allí debes vivir la vida.

No hay otra opción. Si quieres ser feliz, si quieres experimentar el Amor, no hay otra alternativa.

Dependerá de ti llegar a eso, dependerá de tu entrega y de tu humildad. La humildad necesaria para reconocer la propia ignorancia, y así arribar a la propia sabiduría contenida en el alma, en cada una de las almas y en el alma del mundo.

De ti depende, hijo querido, cómo y cuándo llegar.

Estás en casa, estás en Mí.

Excusa perfecta

Todos los caminos que emprende el ser humano a lo largo de su vida son excusas perfectas para evolucionar.

No existen caminos mejores ni peores, todos son importantes en la experimentación del Ser.

No importa si has seguido hasta aquí un solo camino o has ido cambiando, da igual. Todos sirven al propósito Divino, todos responden a la perfecta evolución del Ser.

No jerarquices tus propias actividades en grados de importancia.

Para un cirujano, por ejemplo, su actividad más importante es operar, pero tanto sus intervenciones quirúrgicas como cualquier otra actividad que realice formarán parte de su propia evolución. Nada queda afuera. Supongamos que ese médico es padre de familia. Para él será tan importante salvar una vida como dibujar garabatos con sus hijos.

Cortar el pasto, cocinar, limpiar la casa, no importa el qué, sino el desde dónde. Aquellas tareas a las que restas importancia son justamente las que pondrán a prueba tu temple, tu carácter y tu actitud frente a la vida.

¿Por qué sientes que en algunas cosas que realizas estás perdiendo el tiempo? ¿Cómo se hace para *perder* el tiempo?

Perder algo supone haberlo tenido.

¿Cómo se hace para tener eso que llamas tiempo?

Si el tiempo es una cuestión de perspectiva, si en verdad no existe, ¿cómo se puede tener lo que no tiene existencia en sí?

¡Locura, ignorancia, necedad!

Así vive el hombre, de ahí su desdicha.

Si tienes en cuenta a cada momento que todo, absolutamente todo, es una excusa para evolucionar, ya no importará qué
haces sino cómo lo haces. Puedes estar cocinando una comida
para ti o para los demás, no importa el destinatario. Lo importante es que si eres consciente de los alimentos que estás tocando,
las verduras, las frutas, si puedes apreciar tanta belleza y tanta
perfección de la naturaleza, sabrás –muy dentro de ti sabrás– que
lo que estás haciendo es un arte. Tus manos transformarán esos
alimentos en una comida.

Ten en cuenta que todo es energía, por eso lo que pienses y
sientas en ese momento será el *ingrediente extra* que agregarás
al cocinar.

Por eso, haz todo con amor y por amor, ya que ese es el mejor ingrediente que puedes agregar.

No lo hagas solo para parecer bueno y que así todos te
quieran más.

Hazlo por el simple hecho de que ese ingrediente llamado
«Amor» viene de ti, te pertenece, es tuyo, por ende, quién mejor
que tú para experimentar en primera persona lo que has de dar.

Agradecido estarás de semejante homenaje.

Recuerda, siempre recuerda: no existen caminos mejores
o peores, no existen trabajos más o menos importantes, todo
cuanto hagas habla de ti, de quién eres y de quién estás siendo
en este momento.

Por eso haz todo por Amor, agrega ese ingrediente mágico
que convierte todo en una maravillosa Creación.

Más de lo mismo

Por supuesto que todo será *más de lo mismo*, todo cuanto se haya dicho o escrito en mi Nombre ha de ser más de lo mismo. Cualquier escritura que hable en nombre del Amor, además de la Biblia, será más de lo mismo.

La diferencia está en la manera, en las formas de expresar lo que se quiere contar. De allí que el mensaje sea leído por unos y no por otros, cada lector se acercará a la escritura que le sea más afín. Le atraerá un determinado estilo, la manera en que se utilizan las palabras, lo que se cuenta, y, en especial, su elección dependerá del momento en que ese ser se encuentre y qué experiencias esté atravesando.

Ten en cuenta que debes tomar cierta distancia con todo aquello que elijas leer. Recuerda que todo fue escrito por el hombre.

Existe una manera de saber si lo que lees forma parte de eso que es más de lo mismo de la Verdad Universal, o es puro palabrerío.

¿Quieres saber cuál es la manera de darte cuenta?

Si sientes —no he dicho *piensas*, he dicho *sientes*— al leer una emoción que se relaciona con algo que estuviste esperando hace tiempo, y que al encontrarlo descubres que era algo conocido y hasta familiar...

Si sientes que más que un encuentro es un verdadero reencuentro con algo ya conocido pero olvidado por ti...

Si sientes que aquello que lees, lo creas o no, te gustaría que fuese realidad...

Si sientes una vibración en tu interior, que es agradable y bella, y te genera bienestar...

Entonces, habrás encontrado la Verdad en una nueva versión, dicha con otras palabras, pero siendo más de lo mismo.

Recuerda que la Verdad es una sola, eterna y permanente, y responde a la única realidad del Amor Universal: Dios.

Ser lúcido o ser consciente

Ser consciente supone lucidez, pero ser lúcido no significa ser plenamente consciente de algo.

Puedes expresar un pensamiento con mucha lucidez y que eso no signifique más que simples palabras. Puedes tener un rapto de lucidez, y que esto no genere ningún cambio en tu vida. O puedes, al expresarte con total lucidez, hacerte cargo de aquello que dices. Esto es ser consciente, porque cuando lo que dices te representa de tal manera, no puedes más que hacerlo carne. Y sentirlo en el cuerpo te lleva inevitablemente a manifestarlo en tu vida.

Esta es la verdadera honestidad con uno mismo: dices aquello que piensas y haces aquello que dices.

SÉ CONSCIENTE DE TU VIDA.
HAZTE CARGO DE TU LUCIDEZ.
RESPONDE CON TOTAL HONESTIDAD A QUIEN DICES SER.

Las relaciones pueden ser una excusa para perderte o la mejor manera de encontrarte

Todas las relaciones, sean de pareja, de amigos, de socios, de compañeros de trabajo, en especial las familiares, pueden ser una excusa para perderte o la mejor manera de encontrarte.

¿Qué significa esto?

- Todas las relaciones, no importa el tipo de vínculo ni cuánto duren, son oportunidades de manifestar distintos aspectos de tu ser, de tu esencia humana.
- Ninguna relación es casual, ni siquiera la que estableces cuando te cruzas con alguien por un minuto, ni siquiera la familia donde has nacido.
- Todas fueron elegidas por ti, seas o no consciente de ello, tu alma las atrajo para experimentar lo que necesitaba en su momento.
- Todas se presentarán bajo distintas circunstancias y traerán implícitas algunas preguntas: «¿Quién quieres ser frente a esta situación?», «¿qué parte de ti eliges manifestar?». Dependerá de ti, del grado de compromiso que tengas con tu propia vida, elegir relacionarte y poder descubrirte –descubrir tu ser–, o elegir perderte y no pensar.

Supongamos una situación en la que alguien te hace algo que no te gusta, lo que sea, ¿qué haces? ¿Le pagas con la misma moneda?, ¿te pones en víctima mostrando cuánto daño te hizo?, ¿le guardas rencor?, ¿tratas de sacar ventaja de la situación?, ¿especulas, estafas, te vengas?

O, por el contrario, ¿puedes trascender esa situación viendo más allá?, ¿tomas la distancia óptima para ver a través de esa actitud quién es el otro, y reconoces que, más allá de verte afectado por las consecuencias, no es a ti a quien ha dañado?

Tienes la oportunidad de demostrar tu templanza, tu generosidad, tu sencillez y tu humildad, frente a una situación que pudiendo sacar lo peor de ti, termina sacando lo mejor de tu persona.

De ti depende perderte esa posibilidad o encontrarte descubriendo quién eres en verdad... De ti depende.

Lo humano frente a la muerte

La muerte como fin de un proceso, como culminación de una oportunidad, siempre da pena, así se trate de la muerte de la Madre Teresa o la de cualquier otra persona. La pena es un sentimiento humano.

No debes negar lo que naturalmente se siente en un cuerpo humano.

Lo que siente tu piel, tu corazón y todos tus sentidos, forma parte del cuerpo humano que Yo mismo he creado.

Lo importante es qué haces con eso.

¿En quién te convierte esa pena? ¿Cómo te transforma internamente?

Por más que hayas trascendido el juego de los opuestos, y en las polaridades siempre elijas la columna del Amor, eso no significa que nunca más sientas el lado opuesto.

El juego siempre continúa. Y el juego no es juego sin eso.

Siempre recordarás el Amor, trascendiendo el temor, pero lo seguirás sintiendo, aunque sea mínimamente, en algún momento. Es humano y es necesario que así sea.

Los opuestos siempre estarán.

Cuanto más te eleves evolutivamente, más los trascenderás.

No los harás desaparecer, negarlos los acrecentaría, y hacer desaparecer uno de los dos significaría darle muerte al otro también.

Esto rompería la Unidad indisoluble, donde se encuentran unidos y son inseparables.

Al elegir consciente o inconscientemente una de las dos polaridades, amor o temor, lo que haces es justamente transmutar su connotación, y transformando su cualidad le das un nuevo color.

Nunca, escúchame bien, nunca desaparecen, no pueden hacerlo, ¿entiendes?

Créeme, todo cuanto hagas aquí en la Tierra, el Amor que hayas sabido sembrar, no solo será tu legado, sino que, a su vez, será lo que tu alma se lleve al *otro lado*.

Es ese Amor el que aumenta el nivel de vibración, y es ese Amor que, al ser más fuerte, se vuelve más luminoso y sutil. Tú dependerás de esas cualidades para continuar el viaje, para elegir de nuevo.

Nada sucede sin consecuencias. Y las consecuencias trascienden la vida, van más allá. Y todo lo que aquí sigue allá también seguirá.

¿Has amado tanto que has dejado corazones llenos de Amor?

Ese Amor continuará más allá de la muerte. Lo sentirás, lo recibirás, como si nunca te hubieses ido. Será la conexión que mantengas en la Tierra y será la consecuencia lógica de tu permanencia en ella.

No será mejor ni peor, simplemente experimentarás la energía de Amor en su estado más elevado. Elevando ese nivel de vibración, se hará cada vez más sutil, cada vez más poderosa, cada vez más y más radiante para tu evolución.

Así de simple y así de extraordinario será.

¿Preparado para morir?

Es muy difícil estar preparado para morir. Toda una vida tratando de aprender a vivir —en el mejor de los casos—, ¿quién se va a preocupar en prepararse para morir? Imposible. Y preparar a los que quedan, ¡menos!

El Amor en los humanos todavía está mezclado con necesidades y demandas, manejos posesivos que se confunden con el Amor.

¡Cómo pretender que tengan tanta evolución para celebrar la muerte! Imposible.

Si no pueden celebrar la vida, ¿cómo podrán celebrar la muerte?

Nuevamente, imposible.

Si bien nada lo es para los propósitos del alma, es una pretensión que, por ser tan elevada, parece imposible de cumplir.

De ti depende querer ser consciente o no del momento en el que dejes tu cuerpo de humano y trasciendas los límites de la vida terrenal.

Pide y se te dará.

Pide con el corazón y tus deseos se realizarán según los propósitos de tu alma.

Si lo que me pides es poder ser consciente del momento de tu muerte, está muy bien, es muy loable de tu parte y refleja mucho coraje y valor. Mucha gente pediría todo lo contrario, querrían que la muerte haga su aparición sin que ellos se dieran cuenta, y si es mientras duermen, mejor. Sin sentir nada de nada, sin conciencia de semejante acontecer, nada de eso, «mejor no saber, mejor nada ver, que suceda y ya», piensan. Es de esa manera cómo viven sus vidas.

Según cómo vivas tu muerte, así habrás vivido tu vida.

No es cualquier muerte la que el alma elige, ni tampoco en cualquier momento. Recuerda, una vez más: nada pasa por casualidad. Nunca nada pasa por casualidad.

Todo responde al Plan Perfecto de tu alma y de la Divinidad que te habita. Ni aun en aquellas circunstancias donde algo o alguien irrumpió dando fin a la vida de una persona, ni aun así fue por casualidad.

¿Crees que al Dios todo poderoso que tú piensas se le puede escapar algo? ¿Crees que en un rapto de distracción puede mirar para otro lado?

Sé que te resulta difícil pensar en aquellas formas de morir, en las que la crueldad o el horror se apoderan de ese acto, situaciones donde la carne ha sufrido antes de morir. Déjame decirte que existe en lo físico un umbral del dolor, una especie de límite que, una vez que se traspasa, se pierde la conciencia del dolor. En lo psíquico es igual, ciertas vivencias, por ser demasiado fuertes, son reprimidas, o bien surgen los famosos mecanismos de defensa como protección para el ser humano. Esto hace que hasta el sufrimiento más grande tenga un límite.

Si bien desde afuera algunas situaciones pueden parecer terriblemente dolorosas, para la persona que las vive el proceso es distinto.

Seguramente aquellos que hayan sufrido algún tipo de accidente habrán podido registrar esta vivencia, tanto física como psíquicamente.

No es que nada se sienta, por supuesto que el dolor duele, pero siempre lo hace hasta el límite que está establecido en el cuerpo y en la mente del ser. Además, es imposible pensar frente al dolor por la pérdida del ser amado, que acaba de cumplir una etapa que responde a un plan perfectamente diseñado por esa alma.

El ser humano todavía ama con una actitud posesiva, tiene el registro inconsciente de que aquello que ama le pertenece. En consecuencia, el destinatario de ese amor pasa a ser un objeto de pertenencia.

Lo que en verdad le pertenece es el Amor que siente por aquello que ama, y no quien lo recibe.

No es cierta la afirmación: «Porque te amo eres mío (o mía)».

Nadie es de nadie. Solamente el Amor te pertenece.

De allí que sea ese Amor lo que permanece eternamente, tanto para el que queda como para el que acaba de partir. Será ese el lazo que los unirá y el que les permitirá la eterna comunicación.

Cuando un alma desencarna, pasa a otro plano de conciencia, eso es todo. En ese otro plano de conciencia, existen otras leyes que regulan el funcionamiento de la energía, que nunca se pierde, solo se transforma.

Al ser todo energía, es imposible, entonces, pensar en la muerte como un final absoluto donde algo desaparece. Nada desaparece, nada de nada, todo toma otra forma, otro estado, otra dimensión.

Si esto te resulta difícil de creer, te invito a que investigues por tu cuenta, a que averigües y descubras, no en términos existenciales sino científicos, de qué está hecha la materia, y en qué consiste la energía. Albert Einstein fue uno de los científicos que más habló de Mí en sus fórmulas, y que más se acercó a la maravillosa Creación Divina, al explicar el funcionamiento del Universo.

Lee, investiga, forma parte activa en el juego de la vida, no te quedes como mero observador. Haz tu parte; no solo es tu derecho, sino también tu obligación. Aunque no lo recuerdes todavía, también es tu compromiso frente a la elección que en algún momento hayas hecho de volver a esta tierra para poder manifestarte.

Diferentes caminos

Ser diferente no es ser especial; te sabes diferente, pero no por eso eres especial, y tú lo sabes, y tú lo sientes.

Porque con *diferente* no te refieres al ser, en el que no existen diferencias, sino a los diferentes caminos que eliges desde allí.

Hoy, más que nunca, reconoces la Unidad, comprendes que nadie es mejor que nadie, y que lo que cada uno haga forma parte del juego del vivir, donde todos son eslabones necesarios para poder seguir jugando.

Tanto es así que por eso no puedes verte como diferente.

Debes reconocer tu diferencia, porque a partir de ahí podrás estar tranquilo cuando veas o sientas que tú nunca elegirías muchas de las cosas que hacen los otros.

Verás también que muchas de las cosas que tú mismo antes elegías, hoy no te interesan.

Aunque todo cambie, el ego no desaparece, esto es imposible. Debes aceptarlo, ya que forma parte de tu ser; no lo has matado, el ego seguirá formando parte de tu integridad, la diferencia está en qué lugar le des en tu diario existir.

¿Hablar para satisfacer la demanda del otro?

Cuando el ser humano se junta para charlar, pregúntate para qué lo hace y desde qué lugar.

Por lo general, lo hace para hablar de sus desgracias, como una forma de descarga, para criticar a los demás y, cuando se presenta la oportunidad, para dejar participar al presumido ego, contando y enumerando todos sus logros y proyectos.

Ahora bien, ¿te has preguntado alguna vez por qué es necesario hacer esto?, ¿qué sentido tiene hablar y hablar?

Es la propia inseguridad inconsciente del ego quien da cuenta de tanta charlatanería.

La inseguridad no surge de su propio yo, sino al reconocer que todo lo que dice no son más que palabras vacías.

¿Vacías de qué?

Vacías de Verdad.

Nada de lo que se dice desde el ego habla del Ser, de lo más verdadero del propio Ser. En consecuencia, ese discurso termina siendo un extenso listado de pura actividad del querido ego, y como el ego es lo más alejado del Ser, termina siendo una enunciación de palabras desprovistas de Verdad, palabras que desconectan tanto al que habla como al que escucha. Por ley de afinidad, aquel que se detenga a escuchar será seguramente alguien que también necesite no pensar desde la Verdad.

Tú no necesitas hablar. Será tu trabajo el que hable por ti y de ti. Lo que realices día a día, tus acciones, tus compromisos, la tarea, todo ello dirá quién eres en ese momento. Lo demás, ¡dulces para el ego!

Por eso, cada vez que surja un encuentro, pregúntate si esas charlas no son más que una respuesta a la demanda del otro –tanto de tu ego como del de los demás–. Ese otro que lo único que hace al preguntarte es proyectar en ti sus propios interrogantes, que como no lo dejan a él en paz, los pone en el otro y vive preguntando para hallar la Verdad.

Triste camino emprende el ser humano al creer que para saber de sí debe primero saber del otro. Nada más ilógico, nada más incoherente. Hartándose de escuchar las opiniones, las estadísticas, lo que vaya saber qué extraño personaje dijo alguna vez, cuando sus oídos le duelan de escuchar la *no-verdad*, solo así emprenderá un nuevo camino.

Tal vez, y con suerte, pueda elegir el correcto, el más directo hacia sí mismo.

Compartir el trabajo

Cada uno, en el punto en el que se encuentra de su propia evolución, colabora con el Plan Divino de la Creación. Realizando la tarea que en particular le ha tocado, está contribuyendo con la evolución del planeta.

No se trata de hacer algo y guardarlo para ti.

Todos son mensajeros del otro. Cada uno, desde su trabajo, contribuye a que se tejan las circunstancias propicias para despertar al Ser.

Si guardas aquello que haces solo para ti, sea lo que sea, estarás privando de participar a los otros.

Si lo haces para evitar que tu ego aparezca, estarás diciendo que por estar tan vivo, por tener tanta fuerza, debes evitar caer en la tentación de hacerlo aparecer.

Nada muere en los procesos de evolución del Ser, todo se transforma. En ese proceso se reacomodan los lugares y se resignifican los sentidos. Los porqué y los para qué son los que cambian.

No puedes dejar de lado lo que forma parte de tu naturaleza humana.

Querer negar algún aspecto de tu ser significa reconocerlo no solo poderoso, sino darle más y más poder.

Solo se nombra aquello que existe, y en el continuo intento de hacerlo desaparecer, estás diciendo que es tan fuerte y que tiene tanta presencia que necesitas del constante esfuerzo para darle fin.

No se intenta matar lo que no tiene vida.

Paradójicamente, la negación afirma aquello que se quiere negar.

Entonces, deja de ocuparte de lo que no tiene verdadera importancia por no tener existencia real. Tú tienes una tarea, una función, y es esa tarea la que debe ser cumplida.

Todo en la vida tiene un mensaje, hasta aquello que pasa, aparentemente, por casualidad. ¡Cómo no compartir tus trabajos!

Cuando dudas, lo haces porque has caído en la trampa de creer que lo que hiciste te pertenece, es tuyo. Aunque esto sea cierto, bien sabes que en los términos del alma, nada pertenece más que al Ser.

Y el Ser pertenece al Uno.

A ese Uno como Unidad indisoluble de la Creación, donde no existen diferencias, porque todo es parte del mismo Dios.

Conclusión

Para finalizar, quiero transcribir un texto muy bello de la filosofía oriental, cuyas palabras están tan llenas de Verdad que nada quedaría por agregar. Dice así:

Creo existir
cuando veo mi nombre escrito.
Luego, me olvido de la escritura
y, sin embargo, existo.
La existencia es mi último pensamiento
aunque aun de eso me olvido.
Busco la Ignorancia Iluminada
como remedio porque en ella pierdo concepto,
mente y pensamiento.
Surge entonces la Realidad
del saberme Iluminado en
total ignorancia.
Todo es nuevo,
aun mi nombre escrito.

Agradecimiento final

En este primer trabajo quise compartir contigo estas conversaciones que surgieron espontáneamente en el encuentro con lo Divino.

Espero que este sea un inicio que me conduzca hacia otros trabajos, a través de los cuales no solo he de cumplir con el propósito de mi alma, sino también con mi deseo terrenal de llegar al otro, de llegar a ti.

Tengo la certeza de que compartiendo la vida y los distintos caminos recorridos, entre búsquedas y encuentros, nos reconoceremos mutuamente.

Si tú estás ahí y yo estoy aquí, este trabajo habrá valido, no la pena, sino el disfrute de pensarte ya antes de tu mágica presencia.

Gracias por haberme acompañado resignificando la escritura, dándole un nuevo sentido a través de tu propia energía.

Gracias por haber llegado hasta aquí.

Me despido dejándote de regalo unas bellas palabras del Tao-Te-King:

Más vale renunciar que sostener en la mano
un vaso lleno sin derramarlo.
La espada que usamos y afilamos continuamente
no conservará mucho tiempo su hoja.
Una sala llena de oro y jade nadie la puede guardar.
Quien se enorgullece de sus riquezas atrae su propia desgracia.
Retirarse de la obra acabada, del renombre
conseguido, esa es la ley del cielo.

Así me retiro, haciendo honor a la ley.
Hasta la próxima.

Sobre la autora

Munay es licenciada en Psicología. Trabajó como psicóloga laboral y en psicología clínica de niños y adultos en hospitales y centros de rehabilitación. Ejerció como docente y en el área educativa realizó trabajos de orientación vocacional. En los últimos años se dedicó a la atención privada como psicoanalista.

Desde muy niña comenzó a percibir las energías y a desarrollar la capacidad de acceder a la información contenida en lo que ella llama «la gran mente universal». No fue fácil crecer en un mundo al que le resultaba difícil adaptarse; un mundo que sentía tan distinto a ella. Ser *normal* se convirtió en un objetivo que trajo consigo mucho sufrimiento, hasta que finalmente renunció a tal esfuerzo y aceptó su propia «rareza». A partir de su experiencia en este proceso de crisálida, creó el Método Munay, una guía que integra lo humano y lo divino, para resolver problemas, manifestar deseos y lograr lo extraordinario.

Es artista plástica y profesora de danza clásica y danza española. Participó en distintos espectáculos teatrales durante más de diez años y realizó muestras de pintura al óleo, murales y diseños de decoración. Como actriz trabajó en teatro y televisión, tanto en su país como en el exterior.

Ha escrito artículos periodísticos para revistas de salud, y también guiones para la televisión mexicana. *Habla con Dios*, su primer trabajo como escritora, forma parte de una profunda investigación guiada por el anhelo de saber quién es Dios.